ねこねこ日本史でよくわかる

都道府県

原作 そにしけんじ

編集・構成 造事務所（ぞうじむしょ）

実業之日本社

ねこねこ日本史でよくわかる都道府県

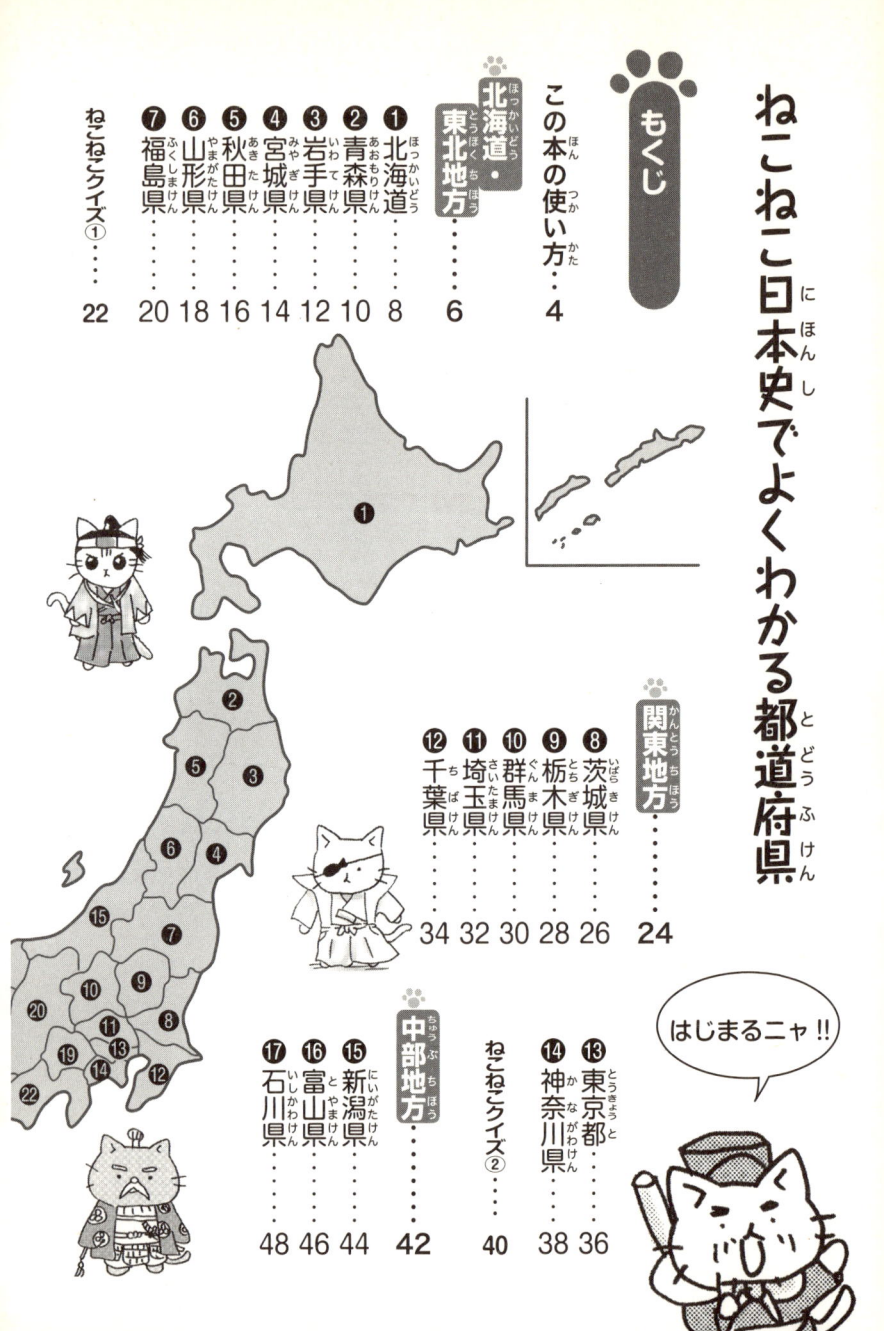

もくじ

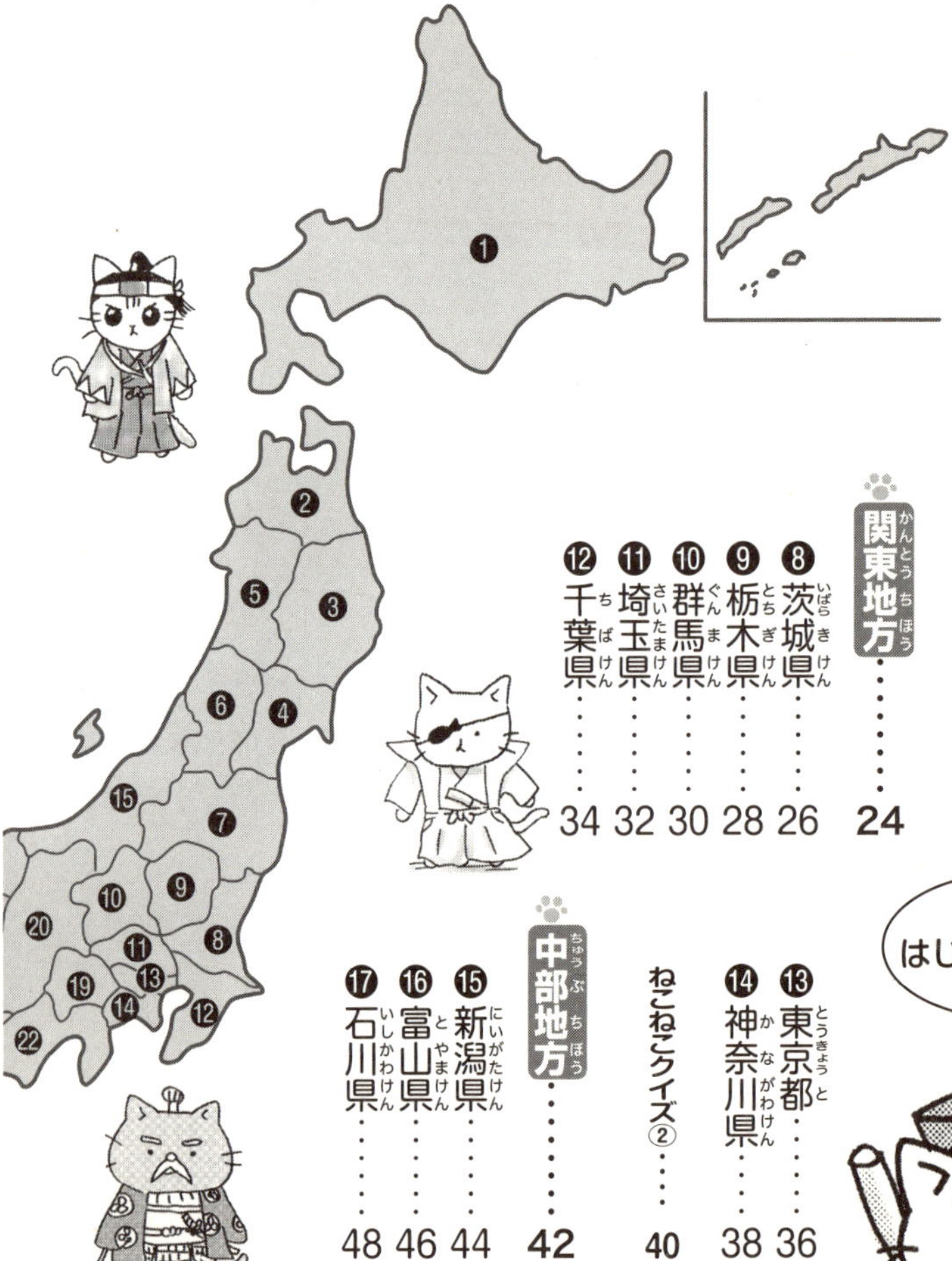

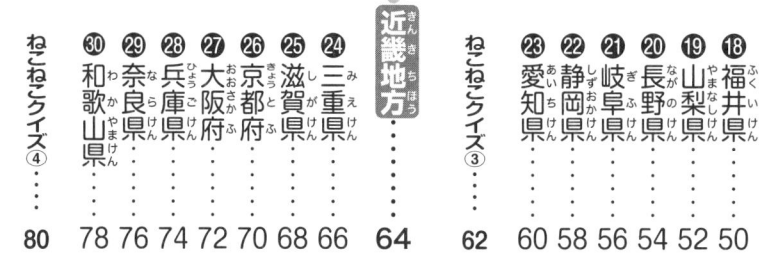

クイズで楽しく遊べるニャ♡

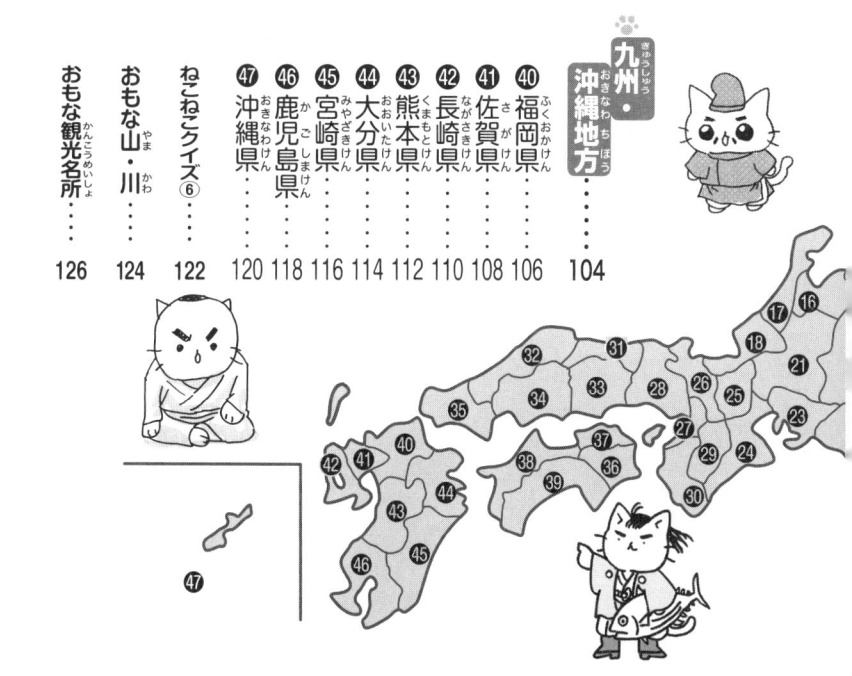

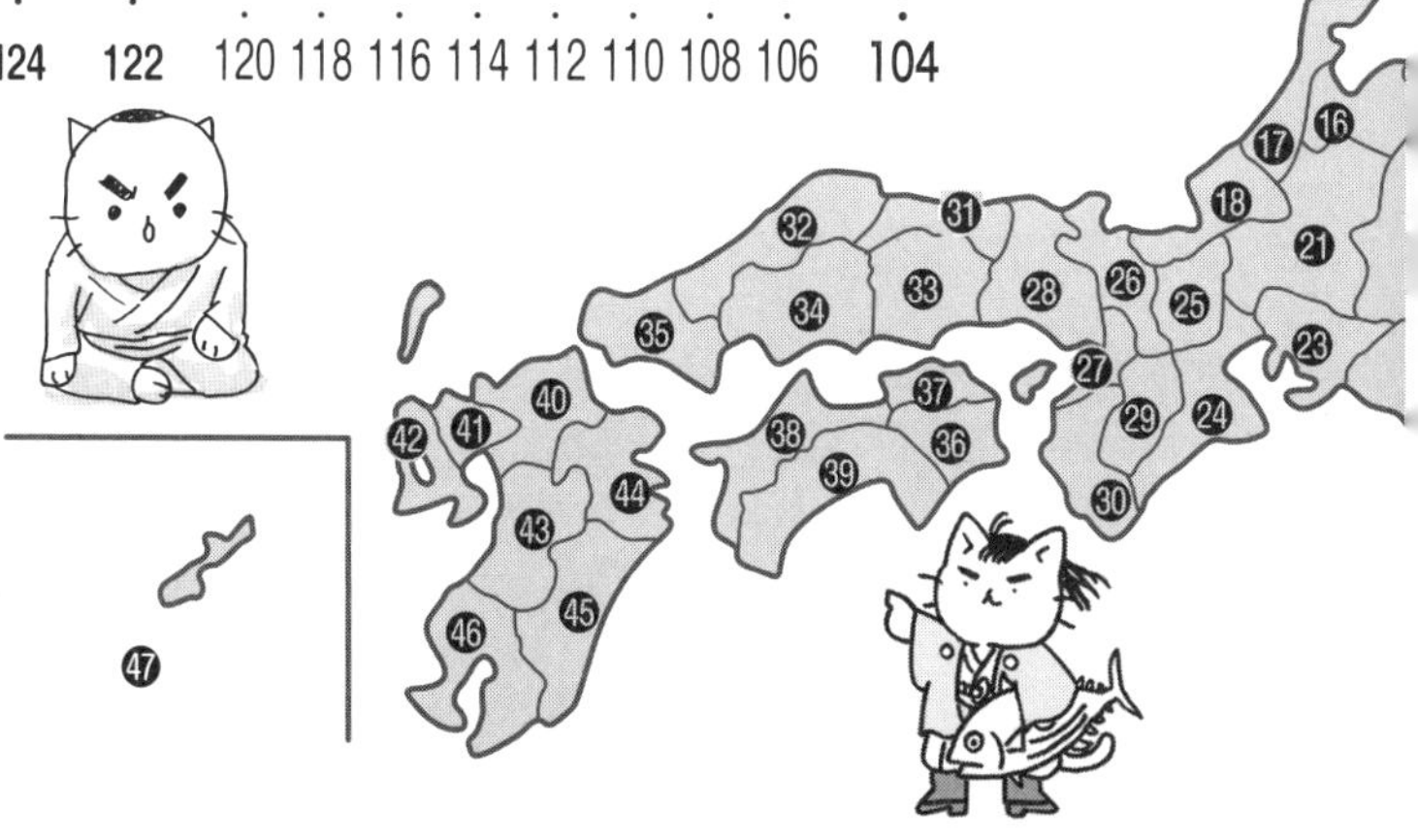
16
17
18
21
23
25
26
24
29
27
30
28
31
32
33
34
35
37
36
38
39
40
41
42
43
44
45
46
47

〈地方の特徴のページ〉

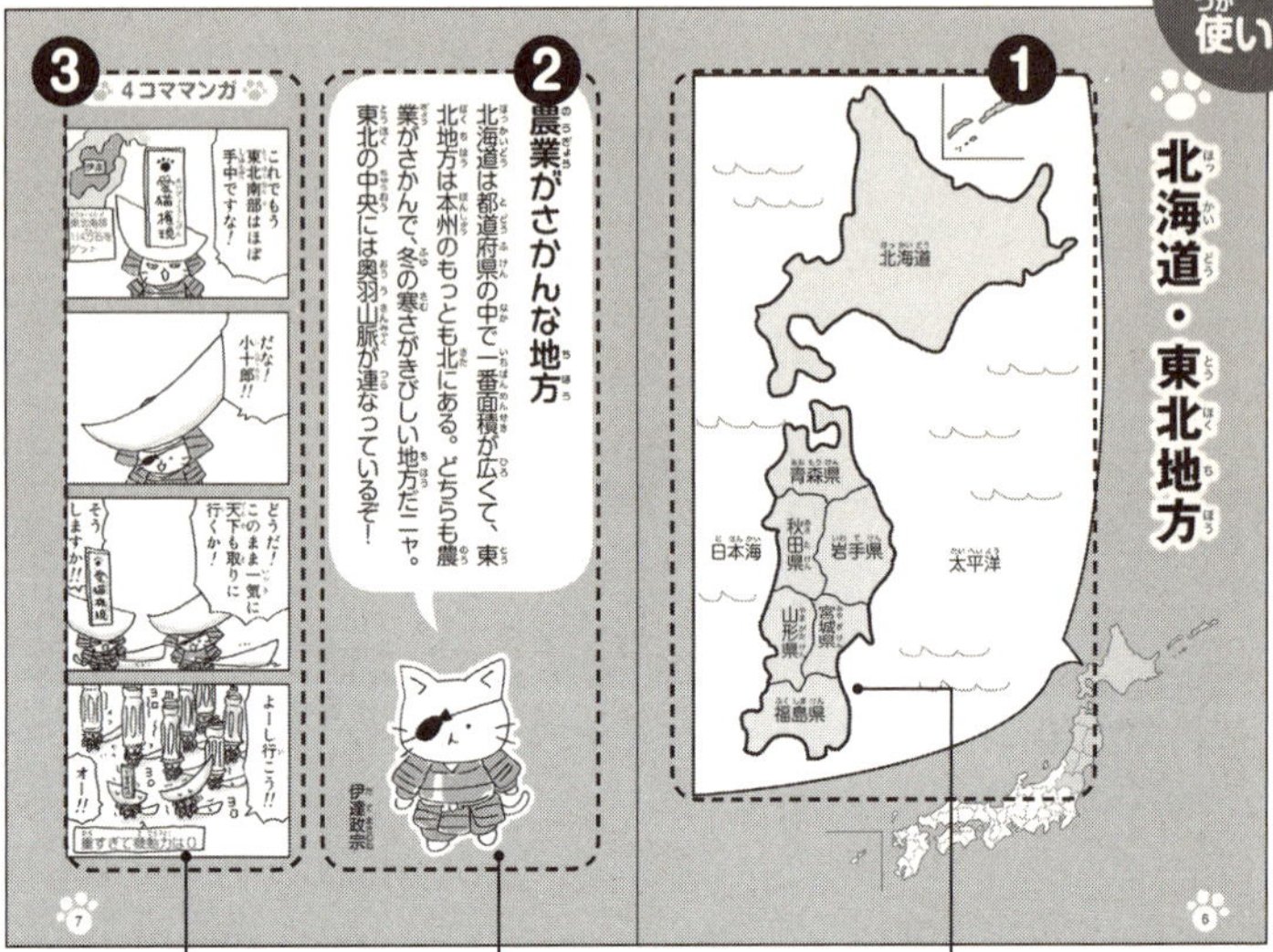

①地方の拡大地図

その地方に属する都道府県の地図を拡大しています。

②地方の説明

キャラクターが、その地方に関することを教えてくれます。

③4コママンガ

その地方に関係しているできごとの4コママンガです。

注意点

※この本に掲載されている内容は、各省庁の統計データ、各都道府県のウェブサイト、『データでみる県勢 2017 年版』(矢野恒太記念会)などを参考にしています。

※人名や地名に関して、この本でのよび方以外のものがある場合がございます。

〈都道府県の特徴のページ〉

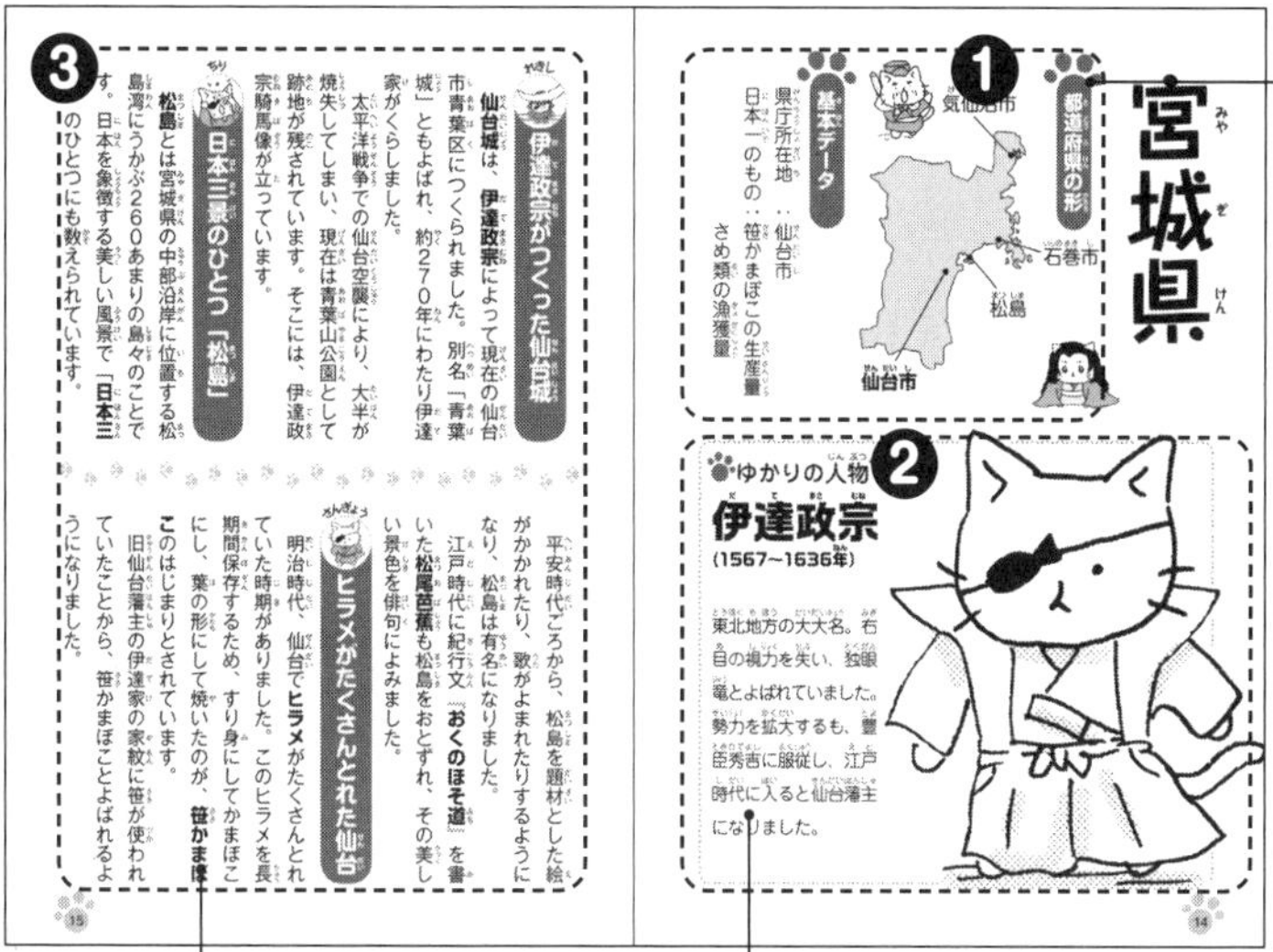

宮城県

1

都道府県の形

気仙沼市
石巻市
松島
仙台市

基本データ

県庁所在地　：仙台市
日本一のもの：笹かまぼこの生産量
　　　　　　　さめ類の漁獲量

2

ゆかりの人物

伊達政宗

(1567～1636年)

東北地方の大大名。右目の視力を失い、独眼竜とよばれていました。勢力を拡大するも、豊臣秀吉に服従し、江戸時代に入ると仙台藩主になりました。

14

3

れきし

伊達政宗がつくった仙台城

仙台城は、**伊達政宗**によって現在の仙台市青葉区につくられました。別名「青葉城」ともよばれ、約270年にわたり伊達家がくらしました。

太平洋戦争での仙台空襲により、大半が焼失してしまい、現在は青葉山公園として跡地が残されています。そこには、伊達政宗騎馬像が立っています。

ちり

日本三景のひとつ「松島」

松島とは宮城県の中部沿岸に位置する松島湾にうかぶ260あまりの島々のことです。日本を象徴する美しい風景で「**日本三景**」のひとつにも数えられています。

平安時代ごろから、松島を題材とした絵がかかれたり、歌がよまれたりするようになり、松島は有名になりました。

江戸時代に紀行文『**おくのほそ道**』を書いた**松尾芭蕉**も松島をおとずれ、その美しい景色を俳句によみました。

さんぎょう

ヒラメがたくさんとれた仙台

明治時代、仙台で**ヒラメ**がたくさんとれていた時期がありました。このヒラメを長期間保存するため、すり身にしてかまぼこにし、葉の形にして焼いたのが、**笹かまぼこ**のはじまりとされています。

旧仙台藩主の伊達家の家紋に笹が使われていたことから、笹かまぼことよばれるようになりました。

15

①都道府県データ

都道府県の形、都道府県庁所在地、そこの日本一のものがわかります。

②ゆかりの人物

都道府県にゆかりのある人物などを紹介します。

③都道府県の特徴

歴史、地理、産業に関することを紹介します。

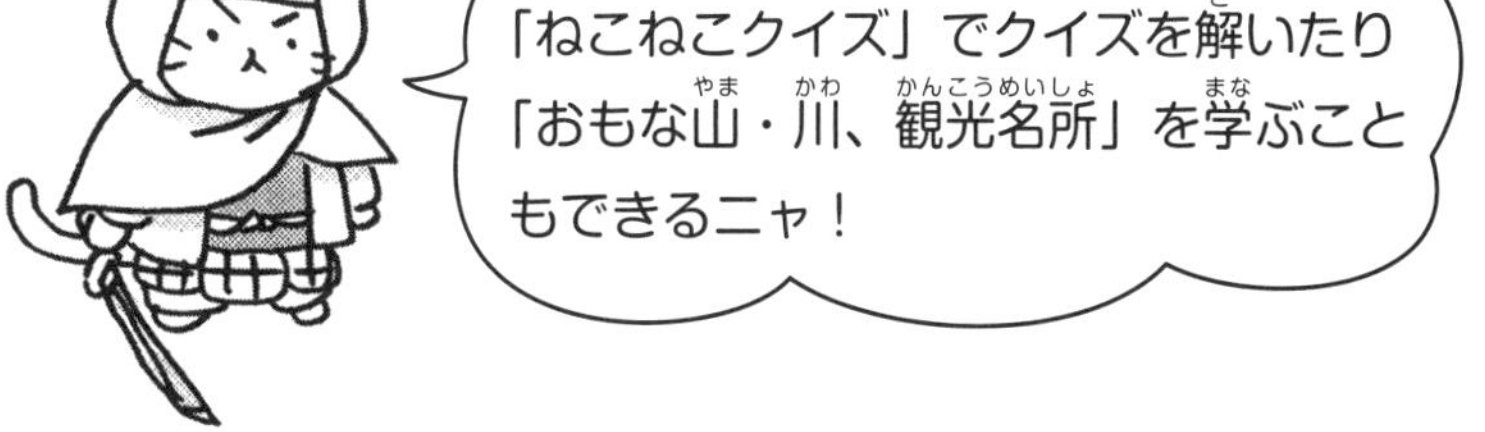
「ねこねこクイズ」でクイズを解いたり
「おもな山・川、観光名所」を学ぶこと
もできるニャ！

北海道・東北地方

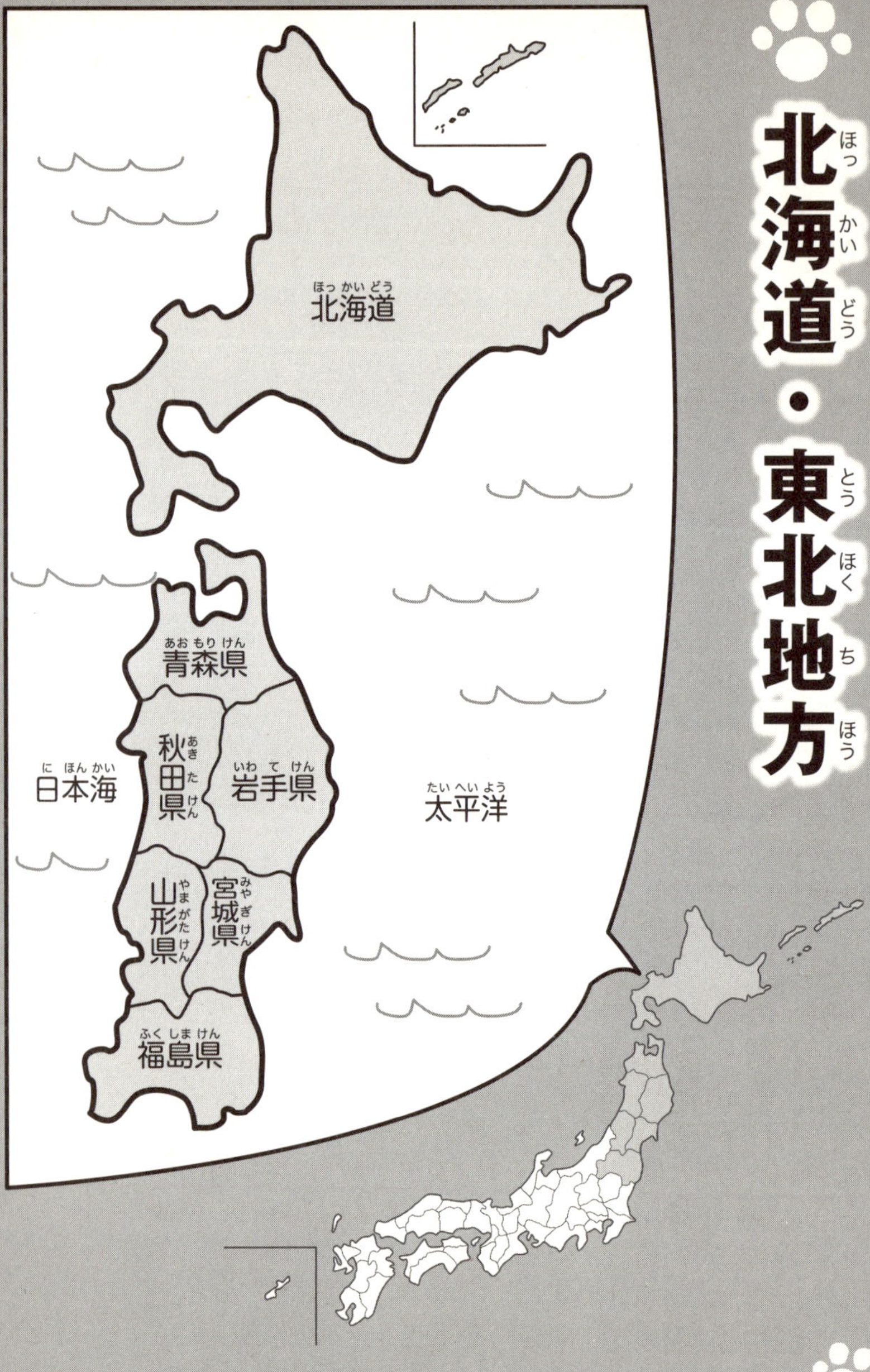
北海道
青森県
秋田県
岩手県
山形県
宮城県
福島県
日本海
太平洋

農業がさかんな地方

北海道は都道府県の中で一番面積が広くて、東北地方は本州のもっとも北にある。どちらも農業がさかんで、冬の寒さがきびしい地方だニャ。東北の中央には奥羽山脈が連なっているぞ！

伊達政宗

4コママンガ

伊達
これでもう東北南部はほぼ手中ですな！
愛猫権現
東北南部114万石をゲット
だな！小十郎!!
どうだ！このまま一気に天下も取りに行くか！
そうしますか!!
愛猫権現
よーし行こう!!
オー!!
ヨロ
ヨロ
ヨロ
重すぎて機動力は0

北海道

都道府県の形

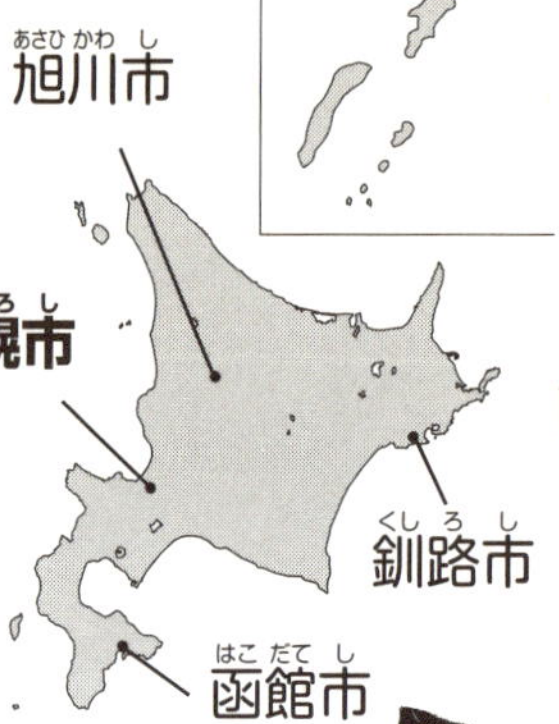

基本データ

道庁所在地：札幌市

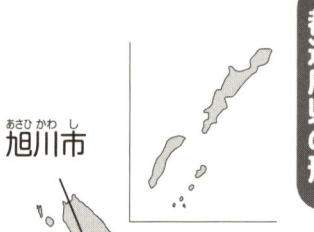

日本一のもの：ジャガイモの収穫量
バターの生産量

ゆかりの人物

土方歳三
(1835~1869年)

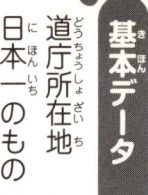

近藤勇とともに新選組を結成して副長となり、現在の京都市内の警備にあたりました。のちに現在の北海道函館市に渡り、新たな明治政府の軍隊と戦いました。

れきし

北海道の先住民「アイヌ」

アイヌ民族は、おもに北海道に古くから住んでいた人たちです。アイヌ語とよばれる言語を使っていました。現在の札幌や稚内などの地名は、アイヌ語の言葉がもとになっているといわれています。

1400～1600年ごろには川や海辺にかやぶきの家を建てて、**コタン**とよばれる小さな村をつくり、魚や野生動物などをつかまえて生活していました。

ちり

国の特別天然記念物「マリモ」

釧路市の阿寒国立公園内に**阿寒湖**があります。北海道で5番目に大きい、火山のふん火によってできた湖です。日本でも数少ない**マリモ**の生息地として有名です。

マリモは、糸状の「藻」がからみ合うことで丸い球になっている植物です。阿寒湖のマリモは国の特別天然記念物に指定されています。

さんぎょう

50種類のジャガイモの品種

北海道は、**ジャガイモ**の収穫量が年間約190万tと、日本一多い都道府県です。日本で生産されるジャガイモの約8割が北海道産で、「だんしゃくいも」や「メークイン」など、約50種類の品種があります。

ジャガイモは、他の作物とくらべて風や寒さに強く、1年を通して気温が低い北海道でも栽培できることから、生産がさかんになりました。

青森県

都道府県の形

基本データ

県庁所在地：青森市

日本一のもの：リンゴの収穫量
ニンニクの収穫量

発見された遺跡

三内丸山遺跡

青森市で見つかった、日本最大級の縄文時代の集落跡です。1992年からの調査で、住居の跡や土器などが見つかり、縄文時代の様子がわかる発見となりました。

力強い演奏をする「津軽三味線」

津軽地方（現在の青森県西部）に伝わる**津軽三味線**は、バチで弦を力強くたたく、独特な演奏方法が特徴です。

この演奏方法が生まれた理由のひとつは、外で三味線を演奏していた旅芸人たちがいたこと。家の中にいる人に気がついてもらうため、大きな音を出そうとして、弦を強くたたいたのがはじまりだといわれています。

火山のふん火でできたカルデラ湖

十和田湖は、約20万年前の火山活動によってできた、青森県と秋田県にまたがる湖です。火山のふん火によってできたくぼ地に水がたまってできた**カルデラ湖**とよばれる湖で、湖からは奥入瀬川が流れ出ています。

春の新緑や秋の紅葉が楽しめる名所としても有名で、冬は雪景色が美しく、どの季節でもきれいな景色が楽しめます。

青森リンゴは3本のなえ木から

日本でとれる**リンゴ**のなんと50%以上が青森県で収穫されています。品種は「ふじ」が5割をしめ、「つがる」「王林」「ジョナゴールド」などが続きます。

1875年、政府から、モモやナシとともにリンゴのなえ木が配布されました。県庁構内に植えられた3本のなえ木が、青森リンゴのはじまりだといわれています。

岩手県

都道府県の形

基本データ

県庁所在地：盛岡市

日本一のもの：生うるしの生産量
木炭の生産量

ゆかりの人物

源義経

(1159~1189年)

兄の頼朝とともに平氏打倒のために活躍しました。幼少期を現在の岩手県平泉町で過ごし、平氏を滅亡させ、頼朝と仲が悪くなった後にも、平泉に戻っています。

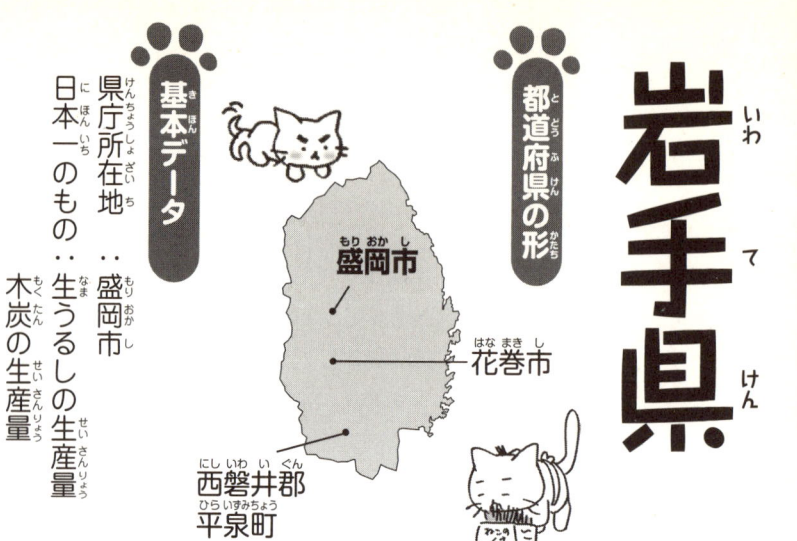

れきし

国宝に指定されている寺院

中尊寺は、世界文化遺産に登録されている有名な寺院です。平安時代末期に**藤原清衡**によって、現在の岩手県西磐井郡平泉町に建てられました。

当時の姿を今に伝える金色堂には、ごうかな金ぱくがはられ、国宝にも指定されています。また、藤原氏初代から4代までの亡きがらを納めた金の棺が置かれている場所でもあります。

ちり

岩手の自然が生んだ「イーハトーブ」

『銀河鉄道の夜』などの童話作品で有名な**宮沢賢治**は、現在の花巻市に生まれました。ゆたかな森林におおわれた、独特の風土を作品のなかにえがいた賢治は、それらを理想の大地として「イーハトーブ」と命名。これは岩手県の風景をモチーフにしているとされています。2005～2006年には、種山ヶ原やイギリス海岸など、県内7ケ所が「イーハトーブの風景地」となりました。

さんぎょう

赤と白をかけ合わせた「南部どり」

岩手県の地鶏である「**南部どり**」は、フランスの「赤どり」と、日本の「白どり」とをかけ合わせて生まれました。

南部どりのえさには、自然由来のものが使われています。たとえば、薬のかわりに、抗菌能力の高い納豆菌やハーブエキスを用いて、ニワトリの健康を保っています。

宮城県

都道府県の形

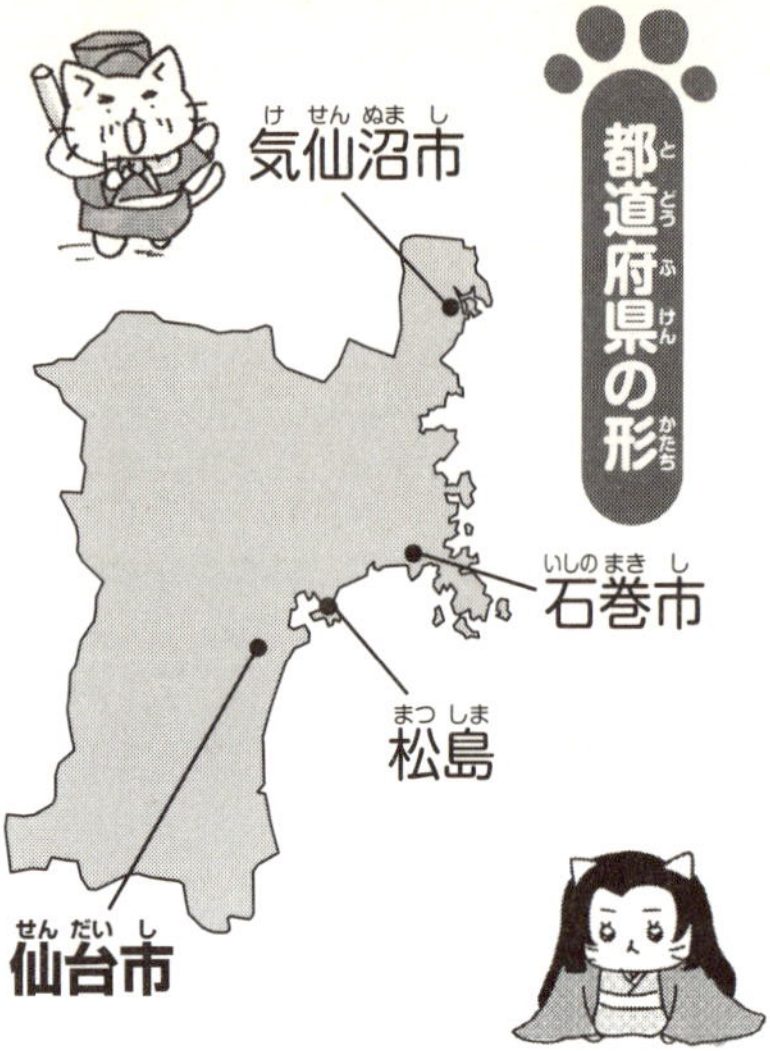

基本データ

県庁所在地：仙台市

日本一のもの：笹かまぼこの生産量
さめ類の漁獲量

ゆかりの人物

伊達政宗
(1567~1636年)

東北地方の大大名。右目の視力を失い、独眼竜とよばれていました。東北で勢力を拡大するも、天下を統一した豊臣秀吉に服従し、江戸時代に入ると仙台藩主になりました。

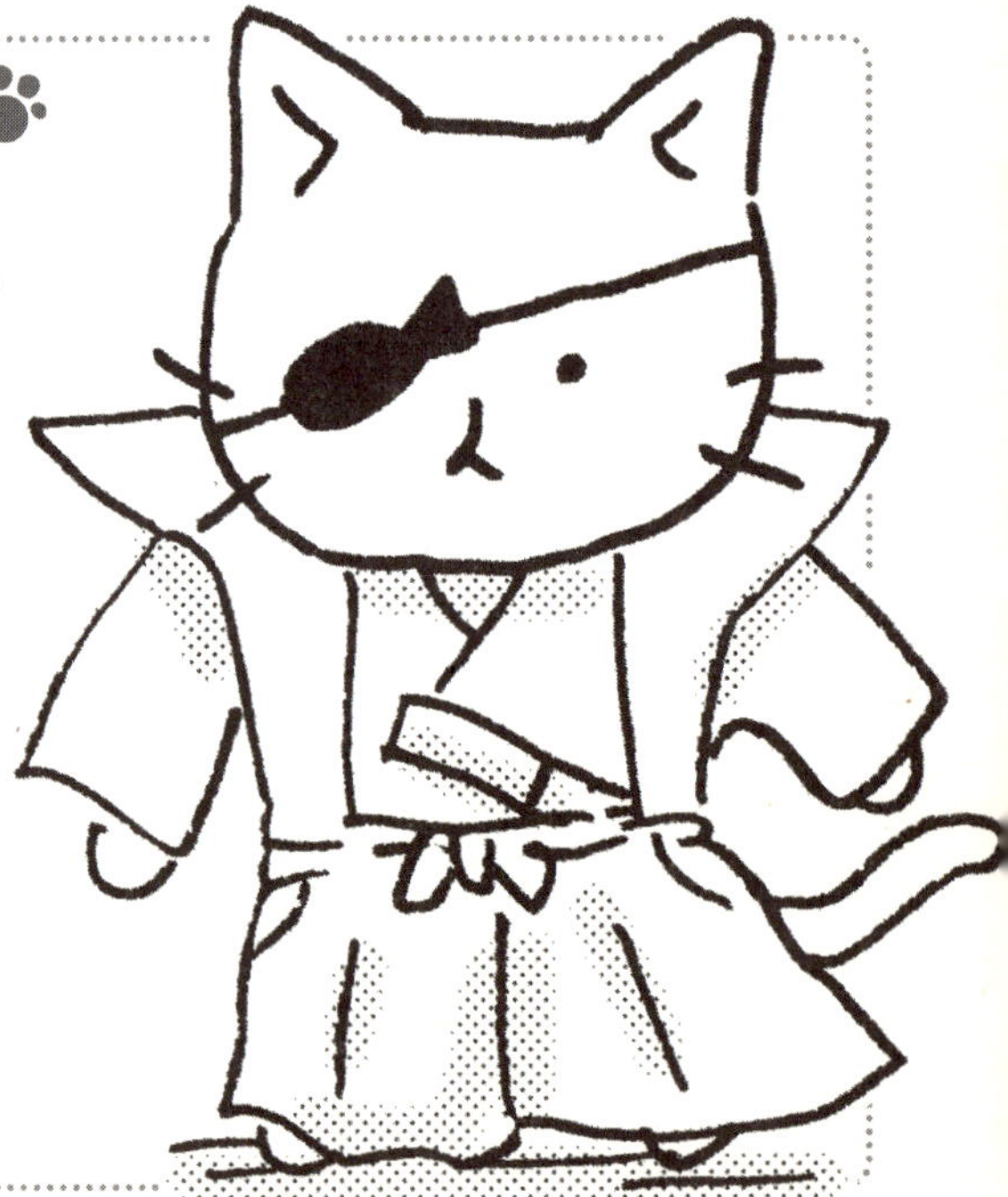

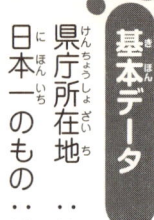

れきし

伊達政宗がつくった仙台城

仙台城は、**伊達政宗**によって現在の仙台市青葉区につくられました。別名「青葉城」ともよばれ、約270年にわたり伊達家がくらしました。

太平洋戦争での仙台空襲により、大半が焼失してしまい、現在は青葉山公園として跡地が残されています。そこには、伊達政宗騎馬像が立っています。

ちり

日本三景のひとつ「松島」

松島とは宮城県の中部沿岸に位置する松島湾にうかぶ260あまりの島々のことです。日本を象徴する美しい風景で「**日本三景**」のひとつにも数えられています。

平安時代ごろから、松島を題材とした絵がかかれたり、歌がよまれたりするようになり、松島は有名になりました。

江戸時代に紀行文『**おくのほそ道**』を書いた**松尾芭蕉**も松島をおとずれ、その美しい景色を俳句によみました。

さんぎょう

ヒラメがたくさんとれた仙台

明治時代、仙台で**ヒラメ**がたくさんとれていた時期がありました。このヒラメを長期間保存するため、すり身にしてかまぼこにし、葉の形にして焼いたのが、**笹かまぼこ**のはじまりとされています。

旧仙台藩主の伊達家の家紋に笹が使われていたことから、笹かまぼことよばれるようになりました。

秋田県

都道府県の形

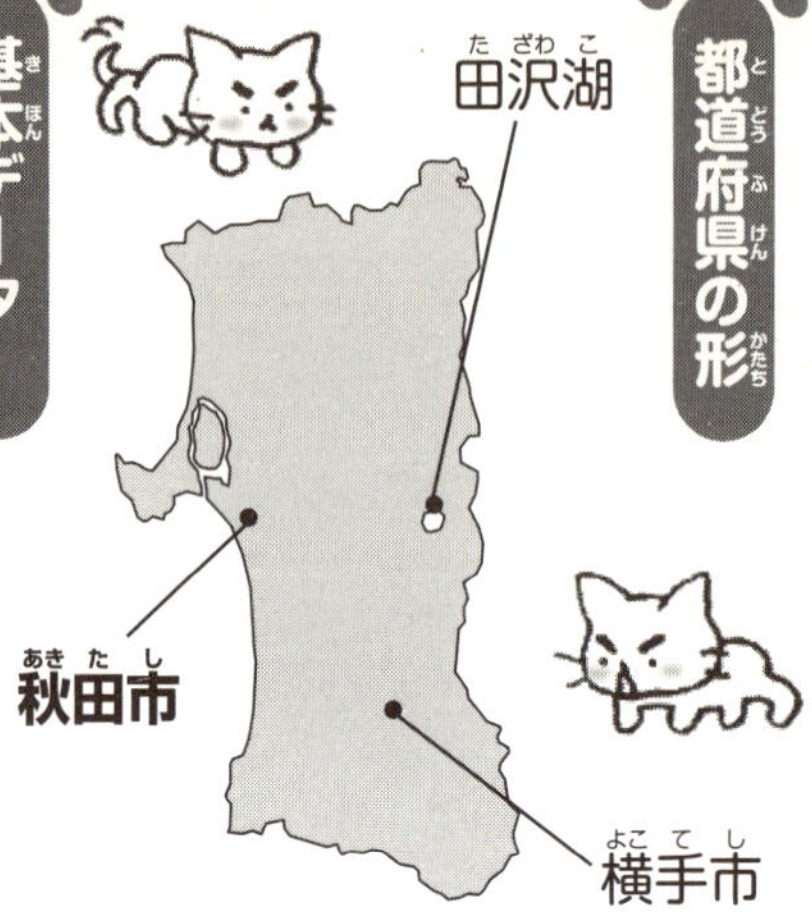

基本データ

県庁所在地：秋田市
日本一のもの：カメラ用レンズの出荷量
じゅんさいの収穫量

ゆかりの人物

平田篤胤

(1776～1843年)

出羽国久保田藩（現在の秋田市）出身。「復古神道」をはじめ、日本の文化や思想など、学問を幅広く研究しました。江戸時代の「四大国学者」のなかのひとりです。

れきし

おおみそかに現れるナマハゲ

男鹿市で行われているおおみそかの**ナマハゲ行事**が有名で、国の重要無形民俗文化財に指定されています。「泣く子はいねがー、親の言うこと聞がね子はいねがー」などとさけびながら、ワラでつくられた服を身にまとい、包丁を持った鬼「ナマハゲ」が家々をめぐります。

ナマハゲがおとずれた家の家族は、健康にくらせるという言い伝えがあります。

ちり

日本一深い湖「田沢湖」

奥羽山脈のなかにある**田沢湖**は、水深が423・4mで日本一。東京タワーがすっぽり入ってしまうほど深い湖です。湖に差しこんだ太陽光が反射すると、湖の深さによって水面が緑色や青色に見えます。水がすきとおっているからこその風景です。

さんぎょう

お米からつくられる「きりたんぽ」

郷土料理のひとつの「**きりたんぽ**」は、お米をすりつぶし、くしにまいて焼く食べ物です。野菜といっしょになべに入れる「きりたんぽなべ」や、あまいみそをつけて焼く「みそたんぽ」など、食べ方はさまざまです。

きりたんぽは、新米がとれる時期にたくさんつくられています。北部では、米の収穫をぶじに終えられた感謝の気持ちをこめて、きりたんぽなべを囲む風習があります。

山形県

都道府県の形

基本データ

県庁所在地：山形市

日本一のもの：サクランボの生産量
将棋の駒の製造量

ゆかりの人物

最上義光
(1546~1614年)

出羽国（現在の山形県）生まれ。伊達政宗のおじにあたります。慶長出羽合戦で上杉家に勝利。出羽国のほとんどを領地とし、最上家の全盛期を築き上げました。

れきし

山形県の伝統芸能「花笠おどり」

花のついた笠を、頭にかぶっておどる伝統芸能の**花笠おどり**は、尾花沢市が発祥の地だといわれています。

山形県内の各地では、毎年8月に花笠まつりが開催されています。

「ヤッショ、マカショ！」のかけ声とともに、勇ましいたいこの音がひびき、はなやかな衣装を身につけたおどり手たちのパレードが続きます。

ちり

山形県と福島県にまたがる川

「**日本三大急流**」のひとつとされる**最上川**は、山形県のほぼ全域にわたって流れている川です。山形県と福島県の境目にある西吾妻山に源流があります。

最上川の中流にある最上峡は、舟下りの観光地としても有名。流域は、国の天然記念物の「オジロワシ」が冬になるとやって来るなど、絶滅のおそれのある野生動物も生活できる自然環境となっています。

さんぎょう

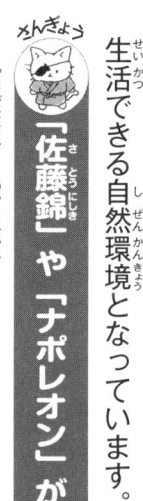

「佐藤錦」や「ナポレオン」が人気

山形県の名産品である**サクランボ**は、気温や天気、害虫などに敏感なため、栽培がむずかしいくだものです。そのため、値段も高価なものが多くなっています。「佐藤錦」や「ナポレオン」といった品種が有名です。

ご当地料理として、サクランボを使用したおかしや飲み物、カレーライスなども販売されています。

福島県

都道府県の形

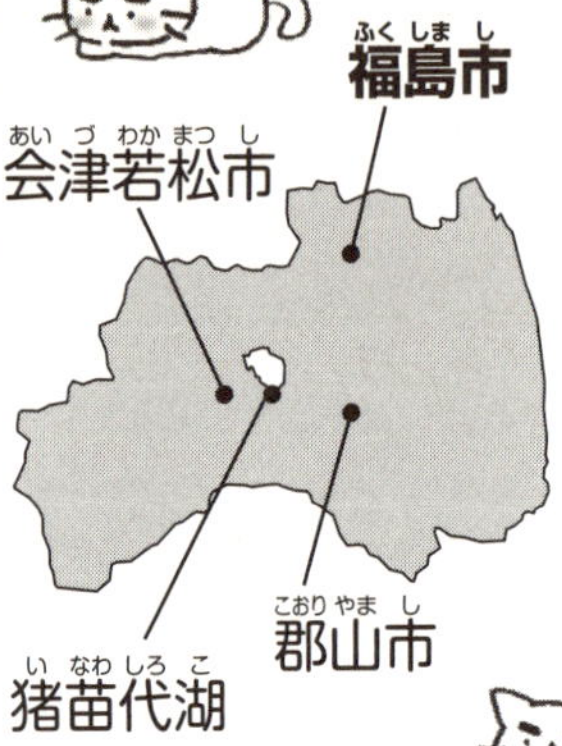

基本データ

県庁所在地：福島市

日本一のもの：夏秋キュウリの収穫量
桐材の生産量

ゆかりの人物

蘆名義広
(1575~1631年)

常陸国（現在の茨城県）に生まれ、陸奥国（現在の福島県）の蘆名氏にむかえられて、黒川城の城主となった大名です。摺上原の戦いで伊達政宗に敗れました。

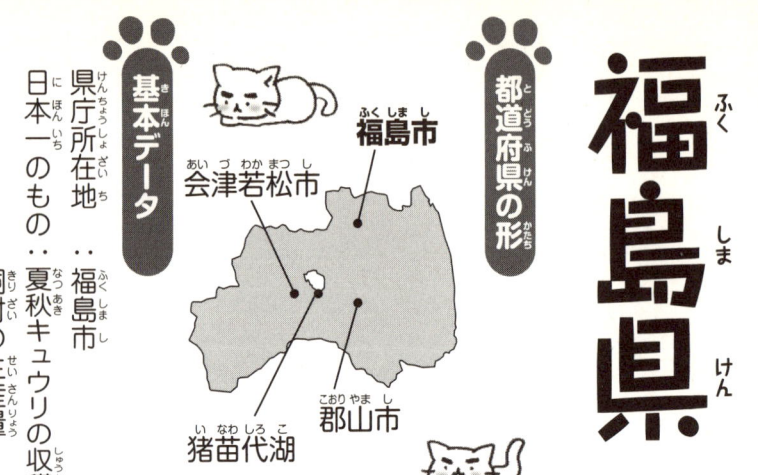

会津若松市を舞台に戦った会津戦争

現在の会津若松市は、1868年、**会津戦争**の舞台となりました。これは、江戸幕府を倒してできた新しい政府と、江戸幕府に所属していた人たちが争った、**戊辰戦争**という戦いのひとつです。会津若松市一帯を治めていた会津藩は、新政府軍を相手に戦いました。

新島八重や16～17歳の少年を集めた「**白虎隊**」とよばれる部隊なども戦いましたが、敗れました。

白鳥が飛来する猪苗代湖

郡山市、会津若松市、猪苗代町にまたがる**猪苗代湖**は、日本で4番目に大きな湖で、長瀬川などから水が流れこんでいます。

秋から春にかけては、きびしい寒さの冬を暖かい場所で過ごすために、大陸から**白鳥**がやって来ます。猪苗代湖と猪苗代湖にやって来る白鳥は、国の天然記念物に指定されています。

赤牛の守り神「赤べこ」

首がゆらゆれる赤い牛のおもちゃ「**赤べこ**」は、会津若松市の民芸品です。東北地方では、牛のことを「べこ」とよぶことから、この名前がつけられました。

福島県には赤い牛が病気を追いはらったり、工事の手助けをしたりしたという伝説があるため、赤べこは守り神として今でも人々に愛されています。

ねこねこクイズ①

北海道・東北地方の都道府県についてのおさらいクイズ！ 答えは左ページの下にあるよ。

①

青森県と秋田県にまたがる湖の名前は何というかニャ？

A：十和田湖

B：阿寒湖

C：摩周湖

②

この形の都道府県はどこかニャ？

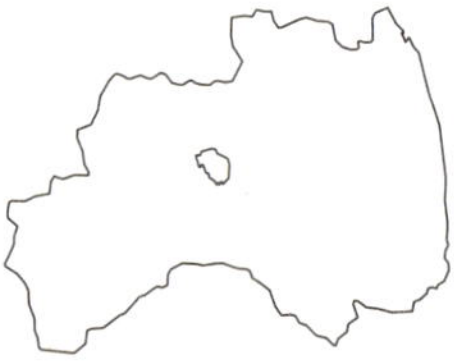

A：宮城県

B：青森県

C：福島県

③

秋田県の郷土料理といえばどれかニャ？

A：きりたんぽ

B：ほうとう

C：南部どり

4

松尾芭蕉が書いた紀行文は何というかニャ？

A：『じゃり道』

B：『おくのほそ道』

C：『ぼくの道』

5

この形の都道府県はどこかニャ？

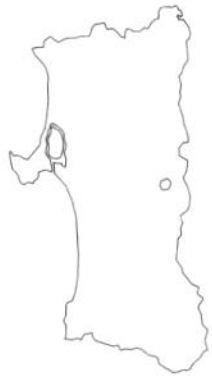

A：北海道

B：秋田県

C：岩手県

6

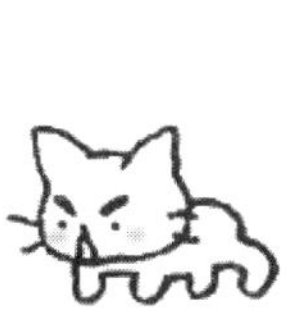

伊達政宗がつくったお城を何というかニャ？

A：仙台城

B：宮城城

C：政宗城

正解 ❶A ❷C ❸A ❹B ❺B ❻A

関東地方

4コママンガ

日本の政治・経済の中心地

関東地方には日本の人口の約3割にあたる数の人々がくらしているよ。東京都を中心に大都市圏が形成されているんだ。火山灰が積もってできた関東ローム層という地層が特徴だニャ。

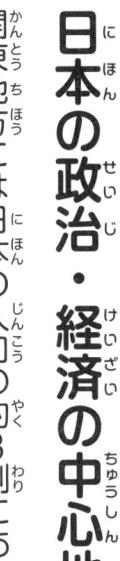

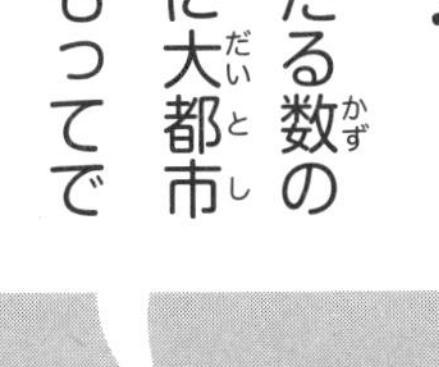

源頼朝

茨城県

都道府県の形

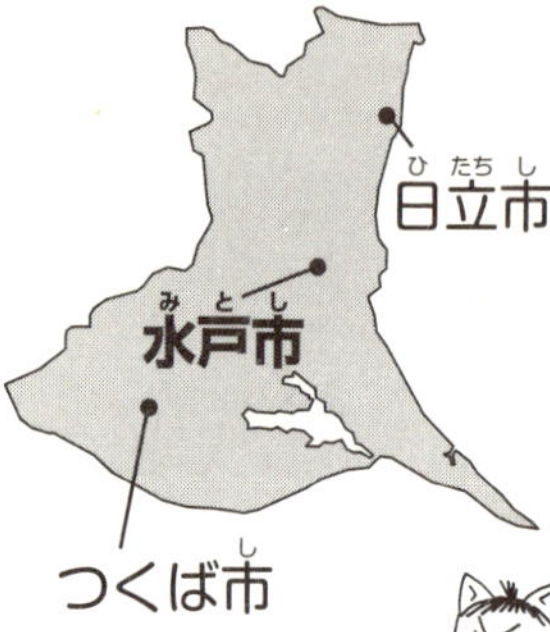

基本データ

県庁所在地：水戸市

日本一のもの：納豆の生産量
レンコンの収穫量

ゆかりの人物

徳川光圀

(1628〜1700年)

「水戸黄門」という別名で、現在も親しまれている水戸藩第２代藩主です。水戸藩で形づくられていった思想である「水戸学」という学問の基礎をつくりました。

れきし

水戸藩がつくった学校「弘道館」

水戸藩の藩校として水戸藩第9代藩主・徳川斉昭がつくったのが**弘道館**です。学問と武芸ばかりでなく医学・薬学・天文学まで、はば広い教育が行われました。弘道館で**水戸学**が発展し、この思想は、吉田松陰や西郷隆盛などの幕末の志士にも大きな影響を与えました。

今も残る日本最古の学校のひとつとして、その価値が認められ、近世日本の教育遺産群として、日本遺産に認定されました。

ちり

春を感じる梅の名所「偕楽園」

偕楽園は、徳川斉昭によってつくられた日本庭園で、「**日本三名園**」のひとつです。園内には、およそ１００種類もの**梅の木**が３０００本も植えられているほか、桜やツツジなどの花を楽しむことができます。

また、園内にある好文亭は、斉昭が詩や和歌の会やお茶会を開くためにつくられた建物です。

さんぎょう

つぶの小さい水戸納豆

茨城県は、**納豆**の生産量が日本一多い都道府県です。**水戸納豆**といえば、小さいつぶが特徴です。

大雨がふったり台風がきたりすると川の水があふれて、田畑の作物に被害を与えてしまうことが多かったため、早めに収穫できる小さいつぶの大豆を栽培したことがはじまりだといわれています。

栃木県

都道府県の形

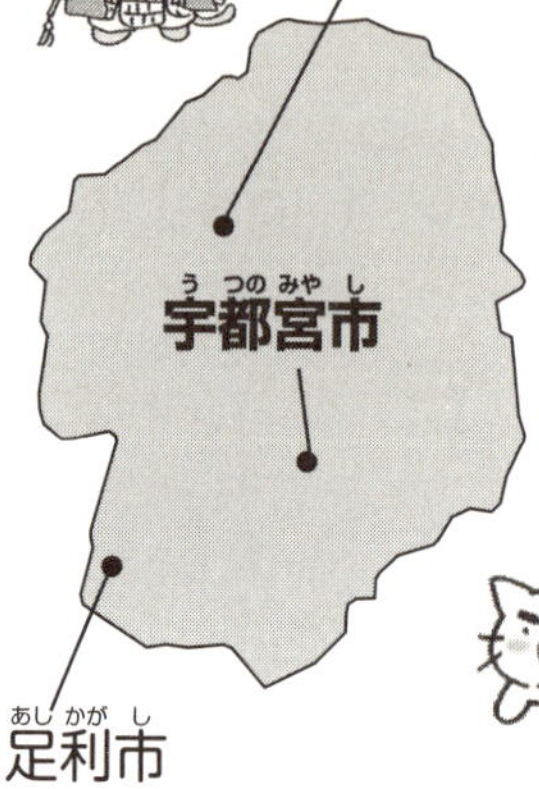

基本データ

県庁所在地：宇都宮市

日本一のもの：イチゴの収穫量
かんぴょうの収穫量

ゆかりの人物

足利尊氏
(1305~1358年)

室町幕府の初代将軍。年齢や身分にかかわらず、成果をあげた武士が出世できる武家政権をつくりました。栃木県足利市は、尊氏の父の代までがくらしていた地です。

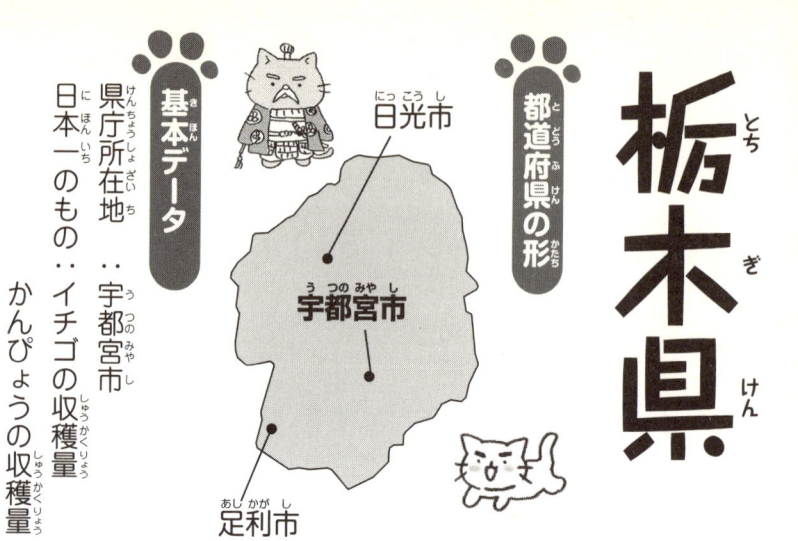

れきし

「三猿」でも有名な日光東照宮

江戸幕府の初代将軍・**徳川家康**をまつっている**日光東照宮**は、日光市にあります。世界文化遺産にも登録されています。境内にある建造物には、国宝が8棟、重要文化財が34棟もあります。

国宝の「**眠り猫**」の彫刻は、ボタンの花に囲まれた猫が日の光を浴び、うたたねをしている様子が彫られています。「日光」にちなんで彫られたともいわれています。また、「**見ざる・言わざる・聞かざる**」を表す「**三猿**」の彫刻も有名です。

ちり

「とちおとめ」などのイチゴの王国

イチゴの名産地として名高い栃木県。季節ごとの寒暖差が大きいため、イチゴが育つときにあまくなります。

イチゴは、江戸時代末期にオランダから長崎に持ちこまれました。その後、栃木県で栽培されるようになったのは、1952年以降のこと。以来、「女峰」や「とちおとめ」など、さまざまな品種のイチゴが誕生しました。

さんぎょう

300年の歴史をもつ「かんぴょう」

かんぴょうは、ゆうがおというウリ科の果肉をうすくひも状にむき、乾燥させてつくる食べものです。

栃木県のかんぴょうは、江戸時代中期に壬生町で栽培されたのがはじまりといわれています。

群馬県

都道府県の形

基本データ

県庁所在地：前橋市

日本一のもの：コンニャクイモの収穫量、生糸の生産量

ゆかりの人物

新田義貞

(1301?〜1338年)

上野国(現在の群馬県)で生まれ、1333年に鎌倉幕府を倒した武将。歴史上のできごとを題材とした軍記物語『太平記』の主人公のひとりとしても知られています。

れきし

生糸の生産技術を高めた製糸場

富岡製糸場は、1872年に日本で最初の洋式操糸器械製糸工場として、富岡市に建てられました。もともと日本は製糸業がさかんで、生糸を最大の輸出品としていましたが、富岡製糸場では外国人の指導者のもと、洋式の製糸技術を導入した結果、外国でも高い評価を得るほどの高品質の生糸生産に成功しました。

2014年に世界遺産に登録されました。

ちり

ドラム缶23万本分の湯がわきだす温泉

草津町にある**草津温泉**は、「**日本三大名泉**」のひとつです。1日にドラム缶約23万本分もの源泉がわき出ていて、この量は日本一です。温泉街の中心には毎分4000ℓもの源泉がわき出る湯畑があり、温泉や旅館にお湯が送られています。

草津温泉のお湯は、強い酸性で、硫黄の強いにおいがしますが、ばつぐんの殺菌力があります。

さんぎょう

コンニャクの原材料コンニャクイモ

日本で生産されている**コンニャクイモ**の約90%は、群馬県で収穫されています。コンニャクイモは、おもにコンニャクの原材料として使われます。コンニャクは、コンニャクイモをゆでたあと水を加えながらつぶし、灰汁を加えてねり、形を整えてゆであげてつくります。

とくに「**下仁田こんにゃく**」が有名です。

埼玉県

都道府県の形

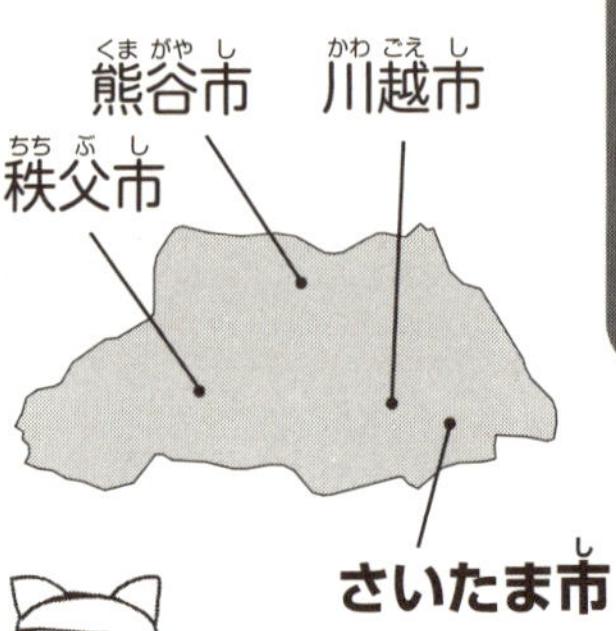

基本データ

県庁所在地　：さいたま市

日本一のもの：こまつなの収穫量

ゆりの花の生産量

ゆかりの人物

木曽義仲

(1154〜1184年)

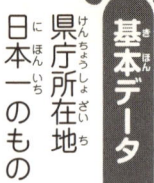

本名は源義仲。武蔵国（現在の埼玉県）で生まれたとされる武将。倶利伽羅峠の戦いで平氏に勝利して京都に入りましたが、いとこにあたる源義経に追われ、敗れました。

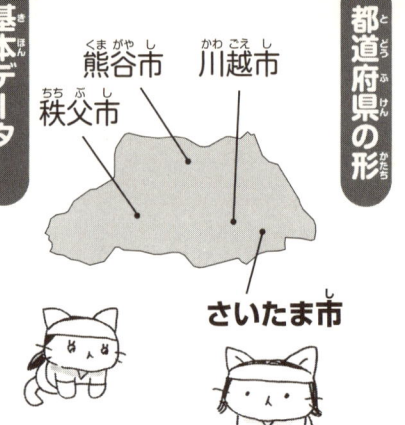

れきし

「和同開珎」ゆかりの地

秩父市には、**和銅遺跡**があります。708年にこの地で自然銅が発見されたことをきっかけに、元号が和銅に変わりました。和銅の発見により和同開珎というお金が発行され、日本の流通が大きく変化しました。

現在、和銅遺跡には、和同開珎がまつられた聖神社が建てられ、和同開珎の形をした大きな石がかざられています。

ちり

40℃を超えた暑い町

熊谷市では、2007年に40・9℃という**猛暑**を記録しました。岐阜県多治見市と並んで、当時、日本一高い気温を記録したことで話題になりました。

気温が高くなるのは、熊谷市より南にある東京など大都市で温められた南風が運ばれてくるためではないかといわれています。

さんぎょう

こどもの成長を願う節句人形

さいたま市岩槻区はタンスの材料として有名な桐の産地でした。その桐を使って職人が人形をつくるようになり、人形を生産する町となりました。現在も、子どものすこやかな成長を願ってかざられる大切な民芸品として、**節句人形**が生産されています。

また、埼玉県は**こまつな**の収穫量で日本一をほこります。こまつなは江戸時代に現在の東京都江戸川区小松川で栽培され、その地名から名づけられたといわれています。そこから関東に広まりました。

千葉県

都道府県の形

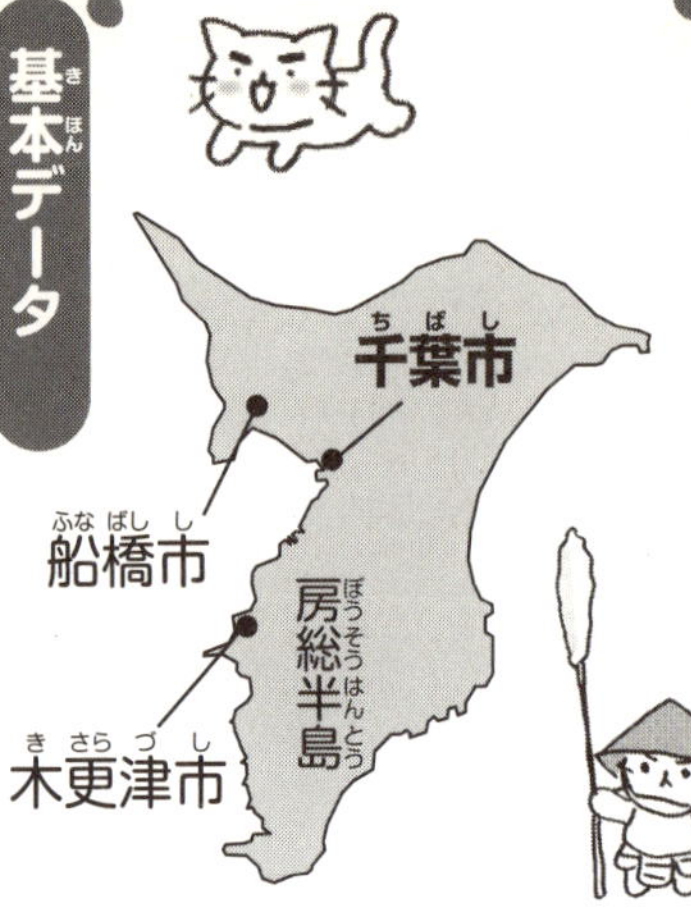

基本データ

県庁所在地：千葉市
日本一のもの：らっかせいの収穫量
しょうゆの出荷額

ゆかりの人物

伊能忠敬
(1745~1818年)

上総国（現在の千葉県）生まれ。17年かけて日本全土を歩き、各地を測量。その死後、日本ではじめての正確な日本地図「大日本沿海輿地全図」が完成しました。

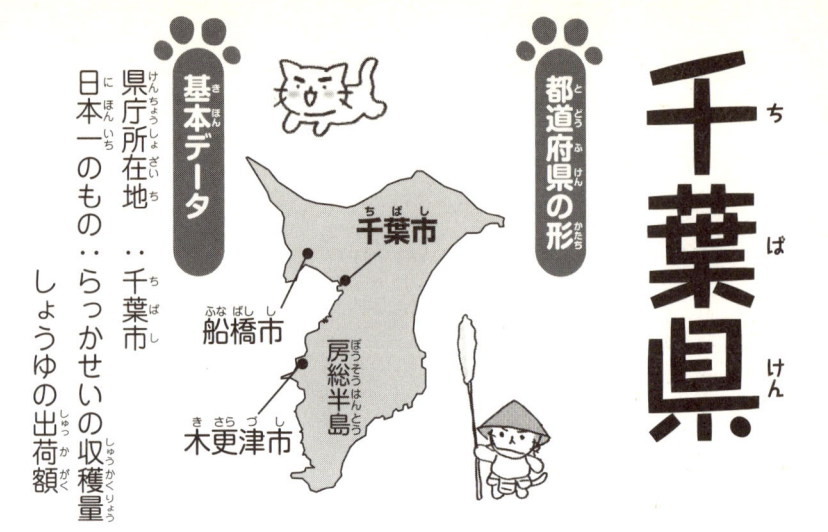

れきし

房総半島が舞台となった作品

江戸時代最大のロングセラー作品となったのが、『**南総里見八犬伝**』です。「犬」の字をふくむ名字をもつ8人の剣士が力を合わせて悪を倒し、領主の里見家を立てなおすという話です。全部で98巻にもおよぶ長編で、作者の**曲亭馬琴**は、28年もの年月をかけて仕上げました。

舞台となった**南房総**は、千葉県の房総半島の南に位置し、今でも『南総里見八犬伝』のゆかりの地として、作品のファンたちに親しまれています。

ちり

東京湾を横断する「アクアライン」

1997年、自動車専用道路「**東京湾アクアライン**」が開通し、それまで100kmほどだった木更津市から神奈川県川崎市までの道のりが、30kmまで短縮されました。

東京湾アクアラインの中間地点には、「**海ほたる**」というパーキングエリアがあり、東京湾を見渡すことができます。

さんぎょう

らっかせいのおかしが人気

国内産の**らっかせい**のうち、約7割が千葉県産です。戦前から八街市でたくさん栽培されていましたが、戦後になって栄養価の高いらっかせいを求める人が増え、千葉県全域で栽培されるようになりました。

現在では、らっかせいを使ったおかしやソフトクリームも販売され、千葉県の名産物のひとつとなっています。

東京都

都道府県の形

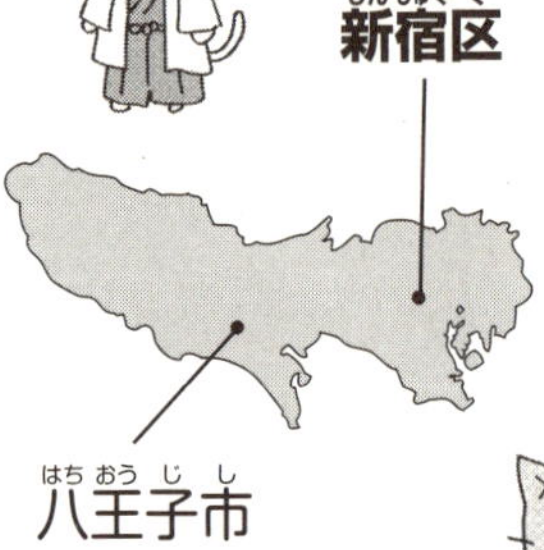

基本データ

都庁所在地　：新宿区
日本一のもの：つばき油の生産量
出版社の数

ゆかりの人物

徳川家康

(1542〜1616年)

1600年、関ケ原の戦いで石田三成に勝利し、豊臣秀吉の功績を引きついで、全国を治めました。江戸（現在の東京都）に幕府を開き、初代将軍となりました。

れきし

芝居やすもうがはやった江戸の町

江戸（現在の東京都）は、将軍がすむ**江戸城**を中心にさかえました。

貴族階級や武士しか観ることができなかった芝居やすもうなどが、江戸時代には一般人でも楽しめる娯楽となり、多くの人が観に行きました。歌舞伎役者や力士をえがいた**浮世絵**版画も、たくさん売れました。

ちり

東京に存在するふたつの電波塔

東京タワーは１９５８年に港区に建てられました。このタワーには、テレビ放送・ＦＭ放送用の送信アンテナなどが取りつけられ、放送電波を発信しました。

しかし、高層ビルの増加によって電波障害が起こるようになり、これを解消するため、東京タワーより高い位置にアンテナが必要になりました。

そして２０１２年、墨田区に**東京スカイツリー**が完成。自立鉄塔・電波塔としては、世界１位の６３４ｍもの高さをほこります。

さんぎょう

すべてが集中する大都会

東京都は江戸時代から日本の政治や文化の中心地として栄えました。１８６８年に江戸から**東京**に名前が改められました。

現在、東京都の都心部には、国会議事堂や中央省庁、最高裁判所などの国の重要な機関が集中。銀行の本店や出版社、ＩＴ企業、文化施設なども集まり、日本の政治・経済・文化の中心地となっています。

神奈川県

都道府県の形

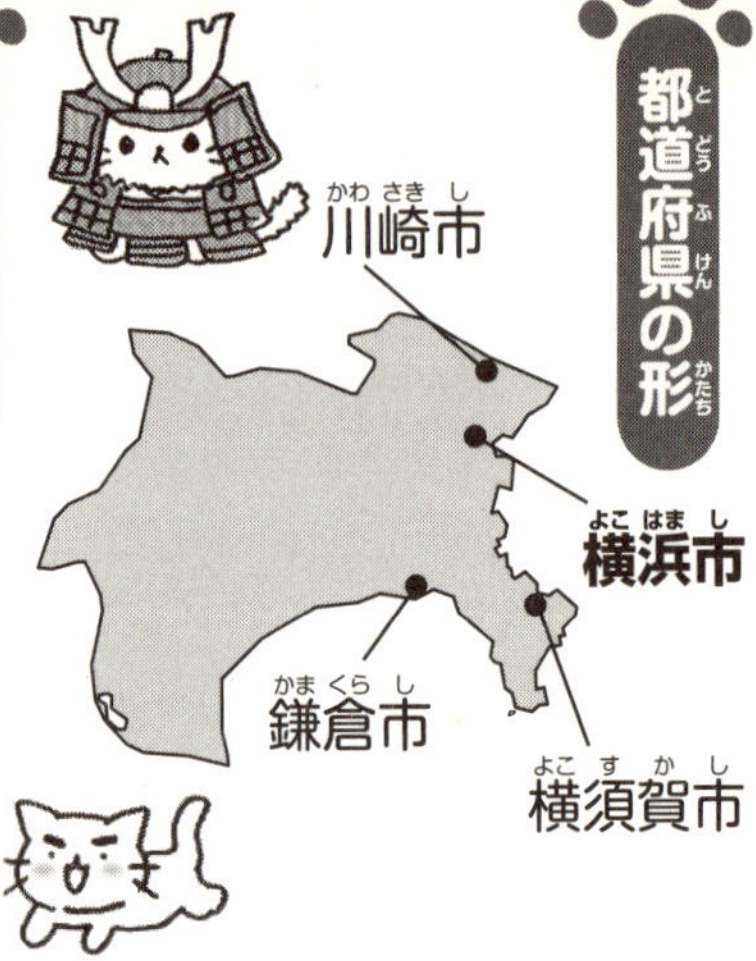

基本データ

県庁所在地：横浜市

日本一のもの：シャンプーの生産量
ワインの生産量

ゆかりの人物

源頼朝

(1147〜1199年)

源氏を率いて壇ノ浦の戦いで平氏を倒し、1189年には奥州藤原氏を倒しました。征夷大将軍に任命された頼朝は、現在の神奈川県鎌倉市に幕府を開きました。

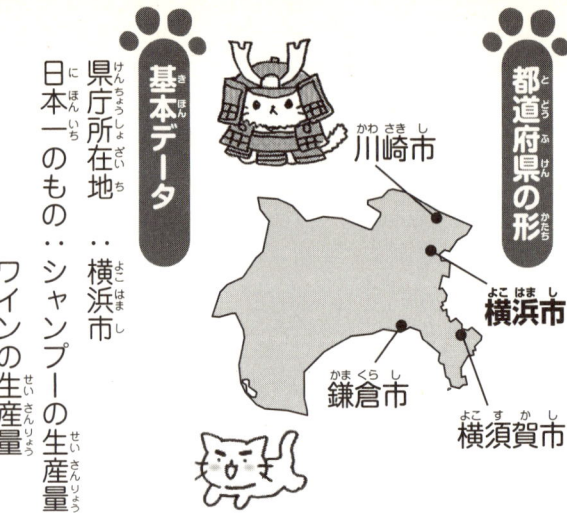

れきし

ペリーが現れた神奈川県

1853年、アメリカ人の**ペリー**が率いるサスケハナ号、ミシシッピ号、プリマス号、サラトガ号の4艘の軍艦が、相模国の**浦賀**沖（現在の神奈川県横須賀市）に船をとめ、久里浜に上陸。手紙を日本側にわたして、帰っていきました。

翌年、ふたたび来日し、**日米和親条約**を結び、日本を開国させました。

ちり

重要文化財に指定された鶴岡八幡宮

鶴岡八幡宮は、鎌倉市にある神社です。源頼義が、源氏の氏神としてまつったのがはじまりだといわれています。

境内には、国の重要文化財に指定されている本宮や、源頼朝らがまつられている白旗神社などがあります。

さんぎょう

重化学工業がさかんな京浜工業地帯

東京から横浜にかけての東京湾沿いでは、明治時代からうめ立て地に工場が建設され、「**京浜工業地帯**」として発展しました。東京の「京」と横浜の「浜」からつけられた名前です。横浜市や川崎市では、機械・化学・金属などの**重化学工業**がさかんです。

京浜工業地帯には、東京港、川崎港、**横浜港**と、3つの大きな港があります。なかでも横浜港は、江戸時代の終わりに海外との貿易のために開港して以来、長い間日本の「海の玄関」として利用され、日本有数の貿易港として知られています。

ねこねこクイズ②

関東地方の都道府県についてのおさらいクイズ！　答えは左ページの下にあるよ。

1

イチゴの収穫量が日本一の都道府県はどこかニャ？

A：東京都

B：埼玉県

C：栃木県

2

この形の都道府県はどこかニャ？

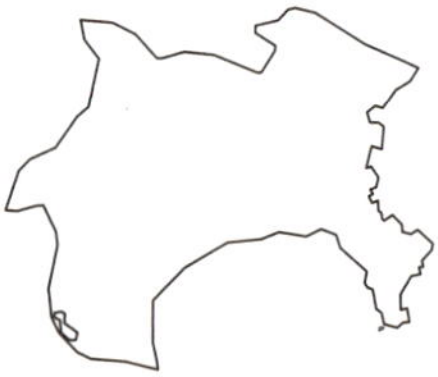

A：神奈川県

B：群馬県

C：茨城県

3

徳川光圀は何とよばれて親しまれているかニャ？

A：水戸青門

B：水戸黄門

C：水戸赤門

4

伊能忠敬は何をした人かニャ？

A：魚つり

B：日本地図の製作

C：郵便配達

5

群馬県にある世界遺産はどれかニャ？

A：草津温泉

B：コンニャク畑

C：富岡製糸場

6

この形の都道府県はどこかニャ？

A：千葉県

B：栃木県

C：東京都

正解 ❶C ❷A ❸B ❹B ❺C ❻A

中部地方（ちゅうぶちほう）

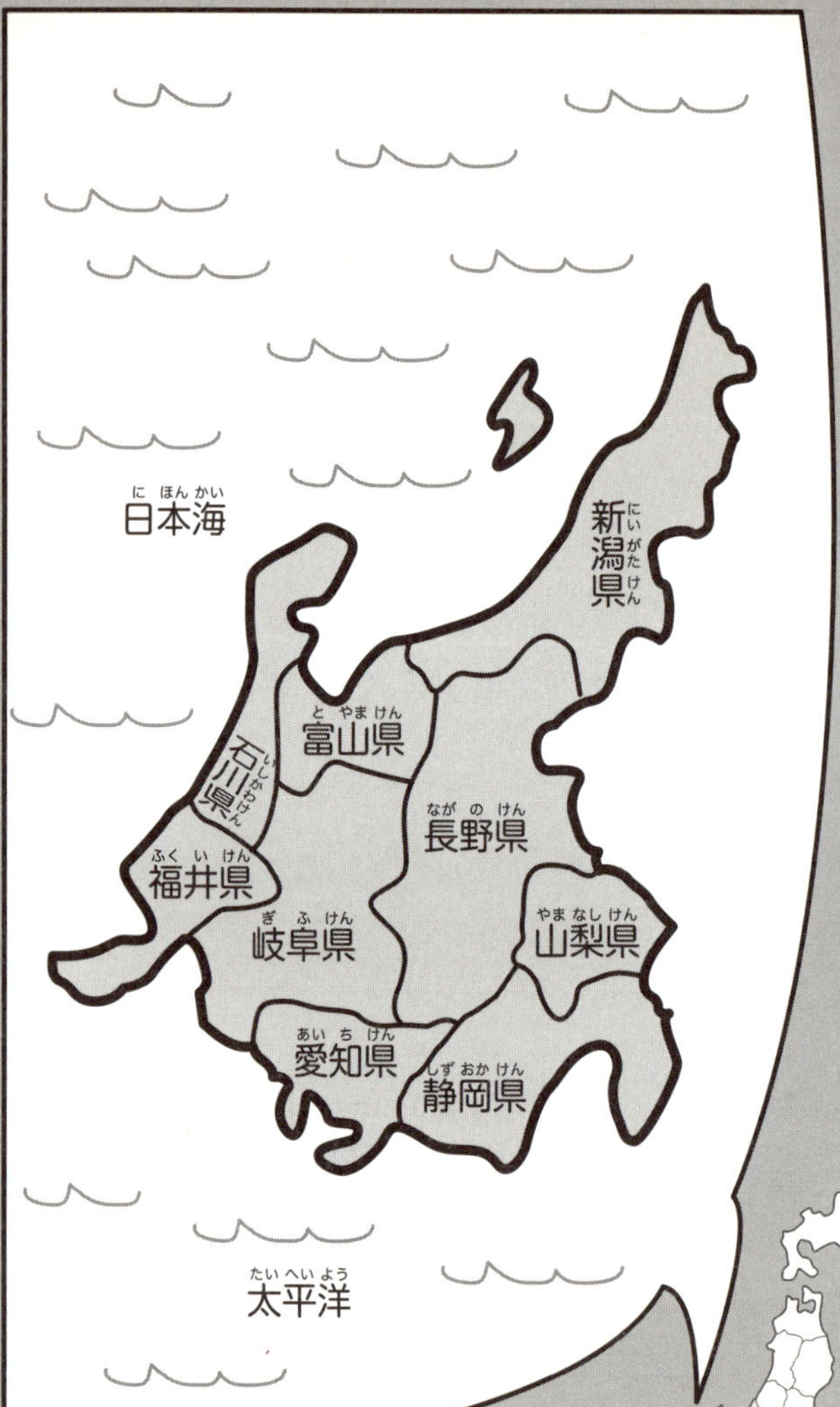

日本海（にほんかい）
新潟県（にいがたけん）
富山県（とやまけん）
石川県（いしかわけん）
長野県（ながのけん）
福井県（ふくいけん）
岐阜県（ぎふけん）
山梨県（やまなしけん）
愛知県（あいちけん）
静岡県（しずおかけん）
太平洋（たいへいよう）

日本の真ん中にある地方

日本列島のちょうど真ん中に位置しているのが中部地方だ。北陸・甲信・東海と大きく3つに分けられる。中央には日本アルプスとよばれる飛驒・木曽・赤石山脈があるぞ。

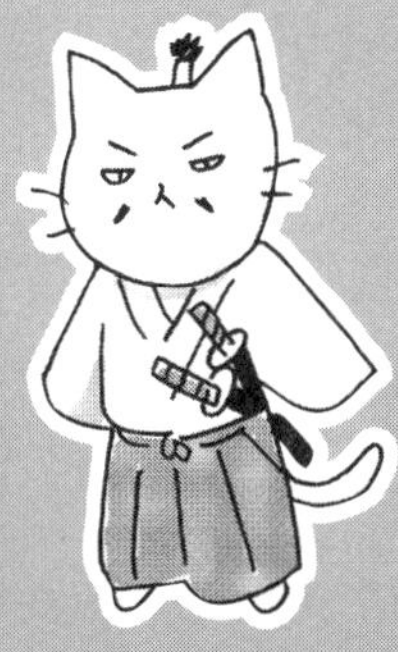

織田信長

4コママンガ

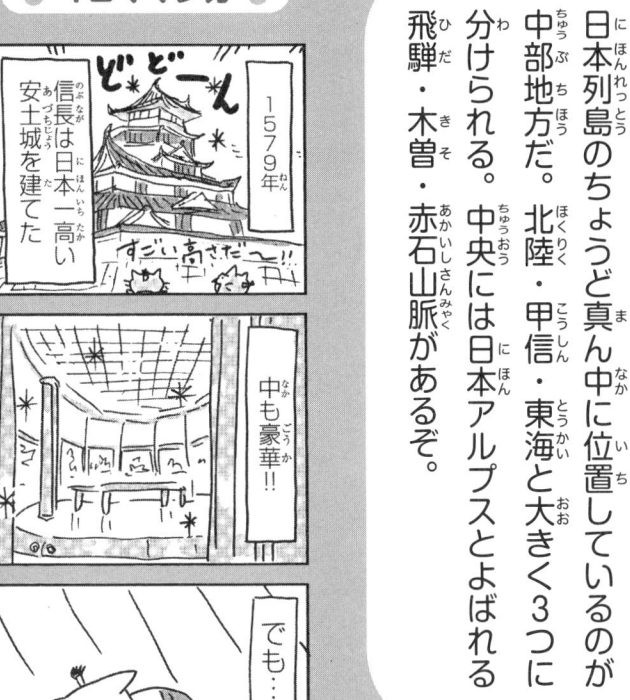

新潟県

都道府県の形

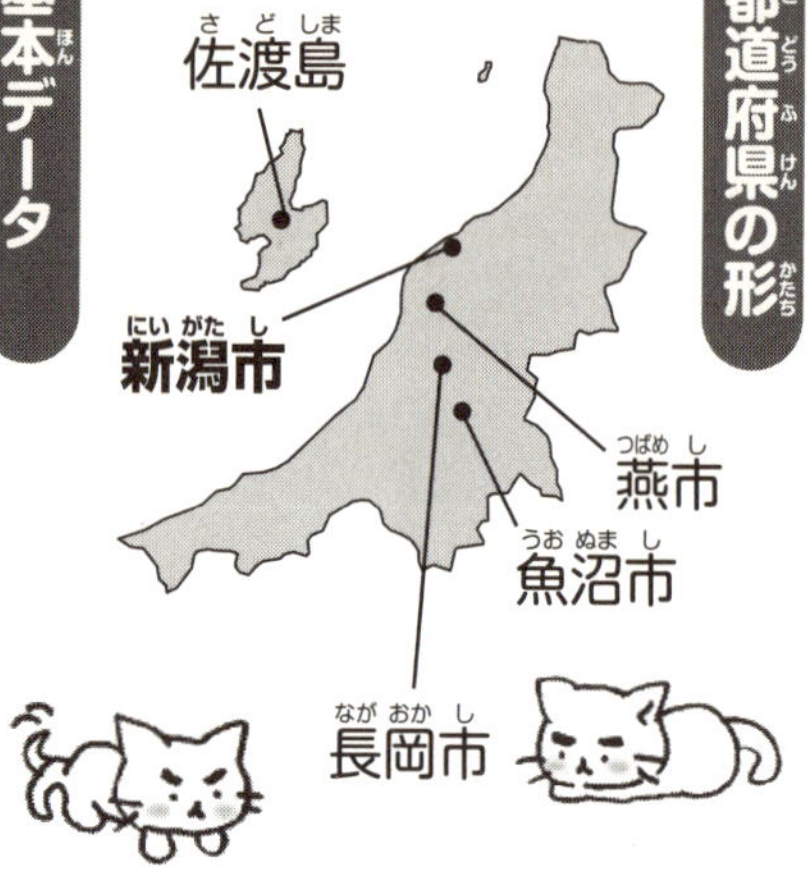

基本データ

県庁所在地：新潟市
日本一のもの：米菓の製造量
金属洋食器の生産量

ゆかりの人物

上杉謙信
(1530〜1578年)

越後国（現在の新潟県）に生まれました。1548年、春日山城の城主となり、越後国を統一します。川中島の戦いでは、武田信玄と5回にわたり対戦しました。

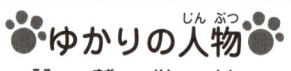

れきし

金がたくさんとれた「佐渡島」

新潟県**佐渡島**には、1601年に発見された金山があります。**史跡佐渡金山**として、国の重要文化財に指定されています。

江戸時代から平成までの380年以上にわたって、金や銀がたくさんとれました。

江戸時代初期には、1年間に金が400kg、銀が40t以上採掘され、江戸幕府の財政を支えていました。

ちり

お米の名産地

新潟県は**米**どころとして有名です。とくに**魚沼市**は人気銘柄の「**コシヒカリ**」の名産地です。昼と夜の温度差が大きく、夜は気温が大きく下がります。このとき、米のうま味のもとになるデンプンの量が増えるため、おいしい米が育ちます。

そんな新潟県と、となりの長野県をまたいで、**信濃川**が流れています。全長は367㎞で、日本一長い川です。

さんぎょう

金属洋食器の製造で名高い燕市

1911年、もともと銅器の生産地として知られていた**燕市**に、東京・銀座の輸入商が、石油王の自宅用**カトラリー**を注文しました。カトラリーとは、ナイフ・フォークなどの洋食器のことです。

燕市でつくられるカトラリーは、後にノーベル賞の晩さん会にも使われるほど有名になり、海外からも注文が入るようになりました。

富山県

都道府県の形

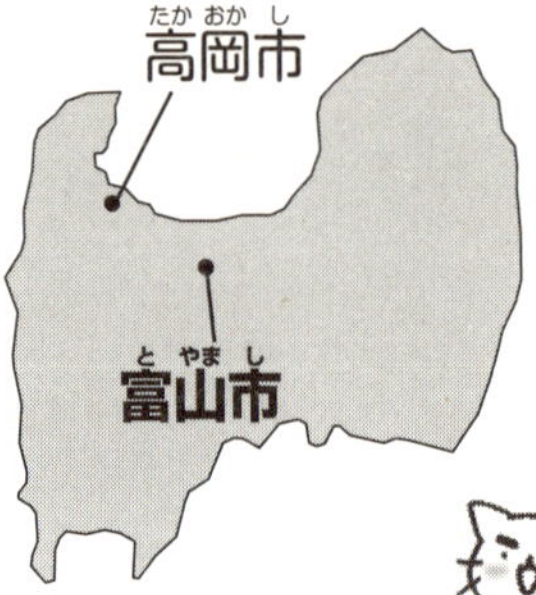

基本データ

県庁所在地：富山市

日本一のもの：木製バットの生産量
医薬品の販売業数

ゆかりの人物

佐々成政

(1536？～1588年)

長篠の戦いで、鉄砲隊を率いて活躍。のちに越中国（現在の富山県）を統治しました。徳川家康に会いに行くために、真冬の山を1週間ほどかけて越えました。

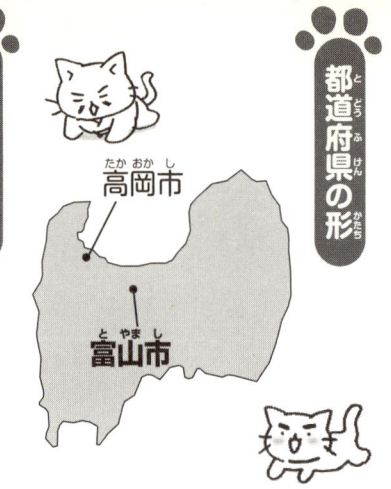

れきし

薬売りのはじまり

富山藩2代藩主の前田正甫は、江戸城ではじめて富山の薬を処方した人物とされています。薬のききめを目の当たりにした藩主たちは、正甫に薬を全国に売り歩いてもらうようたのみました。これが**富山の薬売り**のはじまりといわれています。

以来、日本各地で家庭に薬を届け、使っただけの薬代を受けとる行商が、300年以上続けられています。

ちり

日本一の高さをほこる黒部ダム

高い山々に囲まれた黒部峡谷は、降水量が多く、急でけわしい河川があることから、水力発電に適しているのではないかと考えられていました。そして1963年、立山町に7年という年月をかけてつくられた**黒部ダム**が完成しました。

黒部ダムは、186mの高さがあり、その高さは日本一です。また、黒部ダムの貯水量は、約2億㎥。これは、石油の輸送に使われる大きなタンカー約570隻分の量です。

さんぎょう

富山の特産物「ホタルイカ」

深海にすむ発光性の**ホタルイカ**は、富山県の特産物のひとつ。ひれ以外の全身に700～1000個の発光器がついていて、敵をいかくしたり、仲間とコミュニケーションをとったりするために、青白い光を放つといわれています。

石川県

都道府県の形

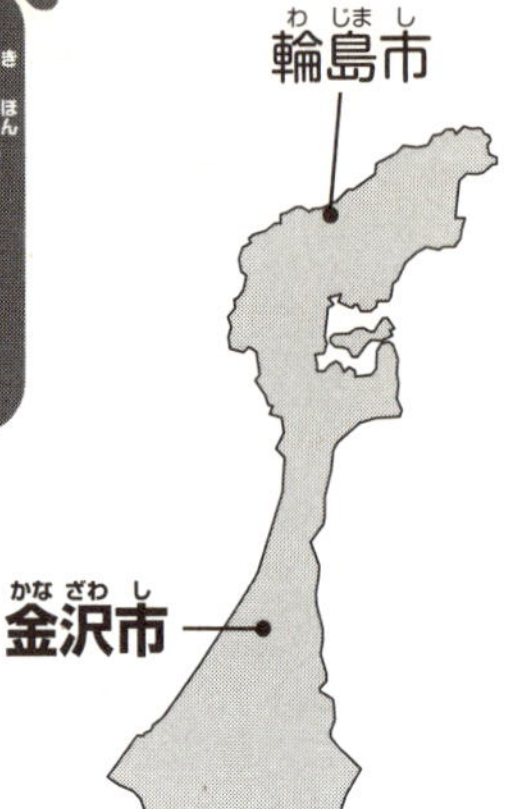

基本データ

県庁所在地　：金沢市
日本一のもの：金ぱくの生産量
　　　　　　　天然フグの漁獲量

ゆかりの人物

前田利家
(1539?～1599年)

加賀藩（現在の石川県）の祖となった人物です。織田信長の家臣であり、姉川の戦いなどで槍の名手として活躍しました。信長の没後は、豊臣秀吉に仕えました。

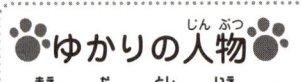

れきし

加賀の一向一揆

一向一揆とは、浄土真宗を信仰している人々が、支配者に反発して戦うなどする行動のことです。
室町時代に**加賀国**（現在の石川県）で起こった一向一揆は、規模・期間において最大でした。一向一揆の勢力をおさえこもうとした守護大名の富樫政親を、農民たちが倒し、自分たちで加賀国を支配しました。
加賀の一向一揆は、1580年に織田信長の軍にしずめられるまで、およそ100年続きました。

ちり

日本三名園のひとつ「兼六園」

金沢城公園のとなりにある**兼六園**は、歴代の加賀藩主たちが長い年月をかけてつくりあげた庭園で、「**日本三名園**」のひとつとして知られています。
もともとは藩主が客を接待するのに利用していましたが、1874年に市民へ開放され、多くの茶店も開店しました。

さんぎょう

金沢の特産物「金ぱく」

金ぱくは、金沢市の特産物のひとつです。金ぱくは、静電気を起こしやすい性質なため、乾燥しているとつくるのがむずかしいものです。
金沢市は、「弁当忘れても傘忘れるな」という言葉があるほど雨がよくふる地域で、湿度が高いことから、金ぱくの製造に適しています。

福井県

都道府県の形

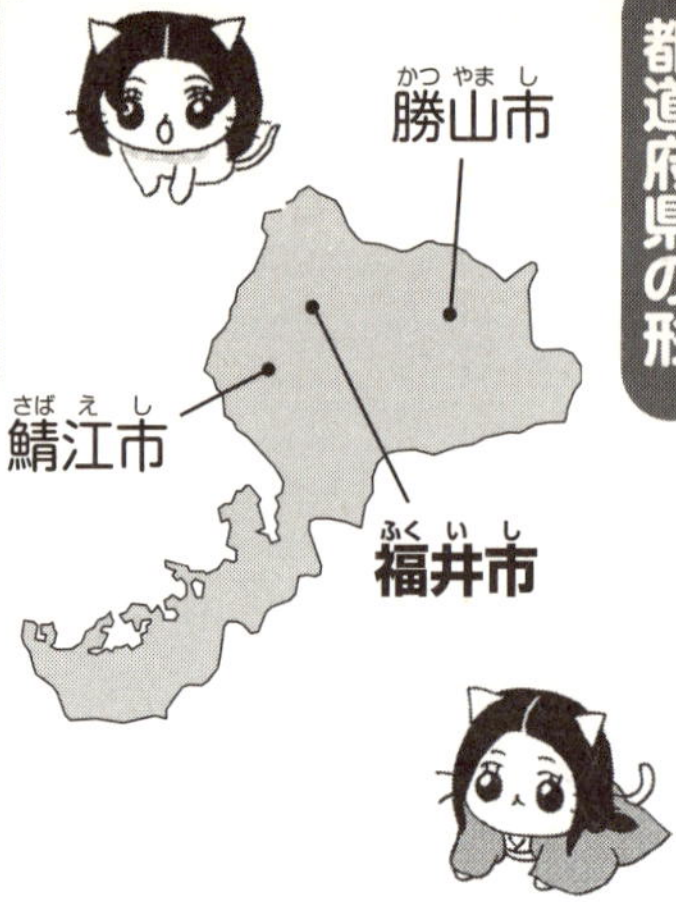

基本データ

県庁所在地：福井市
日本一のもの：めがねフレームの生産量
おぼろ昆布の生産量

ゆかりの人物

柴田勝家

(1522?～1583年)

織田信長の家臣として活躍。妻のお市は信長の妹でした。越前（現在の福井県）を拠点にしていましたが、仲が悪くなった豊臣秀吉に、賤ヶ岳の戦いで敗れました。

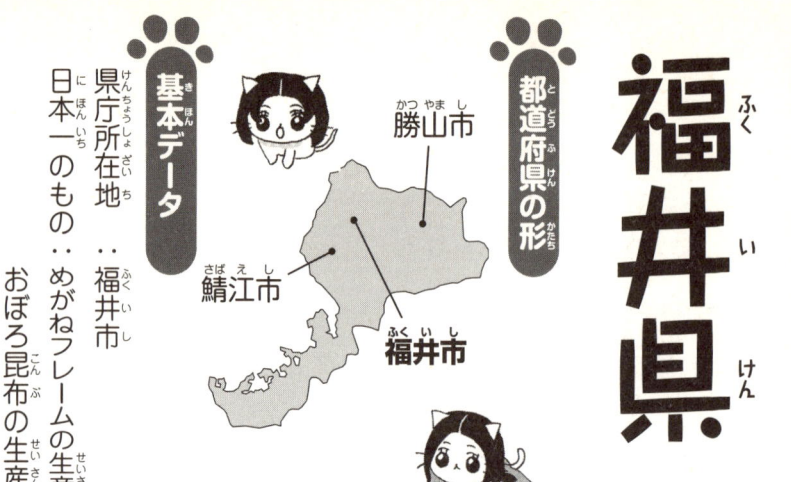

れきし

恐竜の化石が見つかった勝山市

勝山市では、1989年から**恐竜化石**の調査がはじめられ、多くの恐竜の化石が発掘されました。「フクイザウルス」や「フクイラプトル」など、福井の名前がつけられた恐竜もいます。

2000年には、勝山市に福井県立恐竜博物館が建てられ、恐竜の町として有名になりました。さらに2014年、恐竜の化石の発掘体験ができる、野外恐竜博物館も開館しました。

ちり

釣り場としても有名な九頭竜川

福井県を流れる**九頭竜川**は、全長約116㎞ある長い川です。流域面積は、2930㎢で、これは福井県の面積の約70%にあたります。

また、マスやアユといった川魚を釣ることができる場所としても有名です。国の天然記念物「アラレガコ」という魚の生息地でもあります。

さんぎょう

めがねフレームの生産地

鯖江市は、**めがねフレーム**の生産量が日本一で、全国の約9割をしめています。

1905年、増永五左衛門が大阪や東京からめがね職人をまねき、農業の副業として広めたことがはじまりとされています。

現在、鯖江市にはめがねの歴史が学べる、めがねミュージアムがあり、めがねの聖地として知られています。

山梨県

都道府県の形

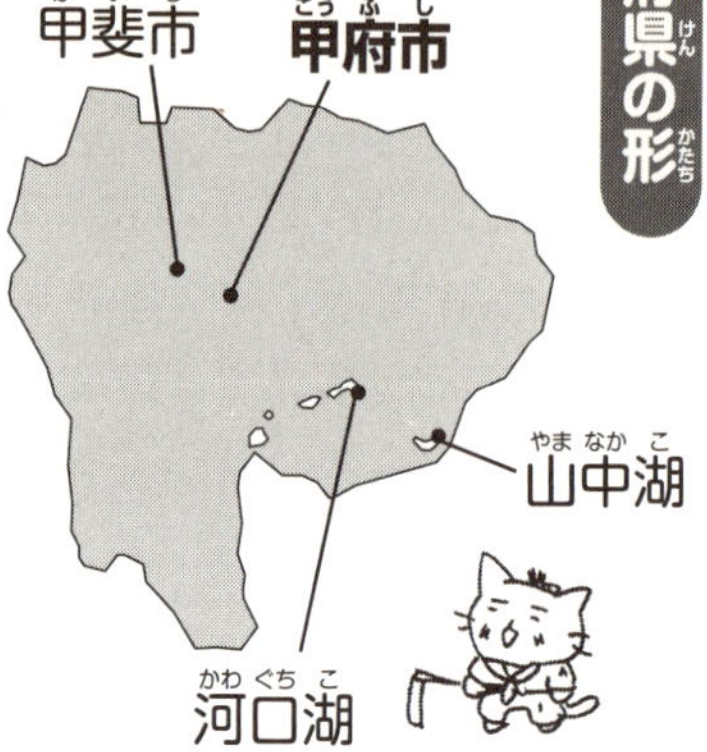

基本データ

県庁所在地　：甲府市

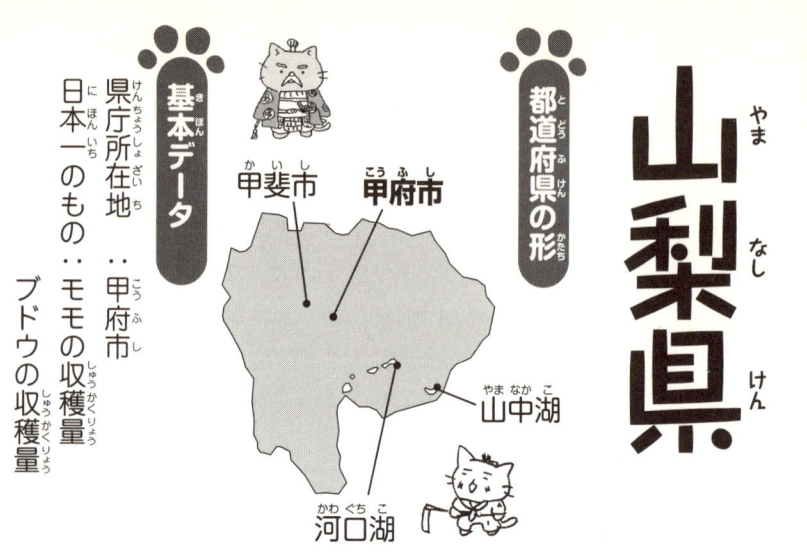

日本一のもの：モモの収穫量
ブドウの収穫量

ゆかりの人物

武田信玄

（1521～1573年）

戦国大名として、甲斐国（現在の山梨県）を統治しました。川中島の戦いでは、ライバルの上杉謙信と５回戦います。三方ヶ原の戦いでは、徳川・織田軍に圧勝しました。

れきし

幕府によってつくられた街道

江戸時代、幕府によって整備された重要な5つの道を、**五街道**といいました。そのひとつ「**甲州街道（道中）**」は、江戸（現在の東京都）から甲斐国（現在の山梨県）をつなぐ道でした。

甲州街道は、江戸城がおそわれたときに、将軍がにげるための道としてつくられたともいわれています。現在の国道20号という東京と長野をつなぐ道路は、この街道をもとにつくられました。

ちり

富士山をながめられる5つの湖

富士五湖とは、山梨県側の富士山のふもとに位置する、5つの湖をいいます。なかでも人気があり、観光地として栄えている湖は、**山中湖**と**河口湖**です。

それぞれの湖の周辺には、宿泊施設やキャンプ場があります。夏になると、湖ではヨットやボート、釣りなどを楽しむ観光客でにぎわいます。

さんぎょう

ブドウからつくられるワイン

日本産のワインは、甲府市ではじめてつくられました。昔、甲州とよばれていたことから、山梨県でつくられるワインは「**甲州ワイン**」とよばれています。

ワインの原材料はブドウですが、山梨県はブドウの生産量が日本一。ブドウもまた、「**甲州ブドウ**」の名で知られるようになりました。

長野県

都道府県の形

基本データ

県庁所在地：長野市

日本一のもの：ワサビの生産量
レタスの収穫量

ゆかりの人物

真田幸村

(1567～1615年)

本名は真田信繁。信濃国（現在の長野県）生まれ。関ケ原の戦いでは父の昌幸とともに、徳川軍から上田城を守りました。大坂の陣では、不利な豊臣軍側で活躍しました。

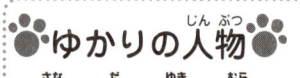

れきし

からす城ともよばれる松本城

松本市にある**松本城**は、日本に残る五重六階の天守のなかでもっとも古い、国宝の城です。「天守」とは、城の中心となる本丸に築かれる建物のこと。そこから、敵の動きを観察することもできました。

松本城のかべには、黒いうるしがぬられていて、その姿から「からす城」ともよばれることがあります。

ちり

一生に一度は善光寺まいり

長野市元善町にある**善光寺**には、６４２年から、日本最古の仏像といわれる阿弥陀如来像が置かれています。阿弥陀仏が信仰されるようになると全国的に有名になり、江戸時代末期には「一生に一度は善光寺まいり」といわれて多くの人がおとずれるようになりました。本堂は、江戸時代中期の建築で、国宝に指定されています。

さんぎょう

ワサビと高原野菜

長野県は、**ワサビ**の生産量で日本一をほこります。ワサビは、水温が16℃を超えると育たなくなりますが、安曇野市の雪どけ水は真夏でも15℃を超えることがないため、ワサビがよく育ちます。

また、標高１０００ｍ前後の高原地帯で、夏のすずしい気候のもとで栽培される野菜のことを、**高原野菜**といいます。標高が高い長野県では、高原野菜の栽培がさかん。とくに、レタスの生産量は日本一です。

岐阜県

都道府県の形

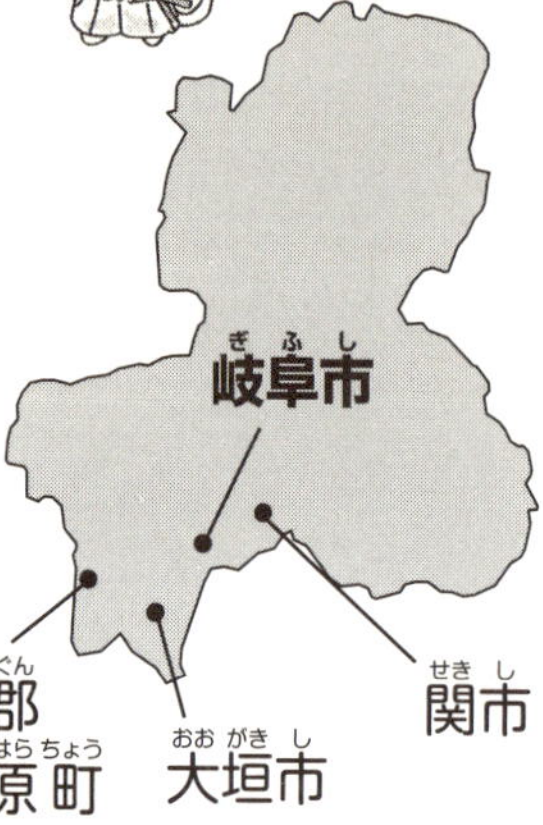

基本データ

県庁所在地　：岐阜市

日本一のもの：包丁の出荷額
陶磁器の生産量

ゆかりの人物

明智光秀

(1528?～1582年)

美濃国（現在の岐阜県）生まれ。近江国（現在の滋賀県）に坂本城を築城。本能寺の変で上司の織田信長を倒しますが、山崎の戦いで豊臣秀吉に敗れました。

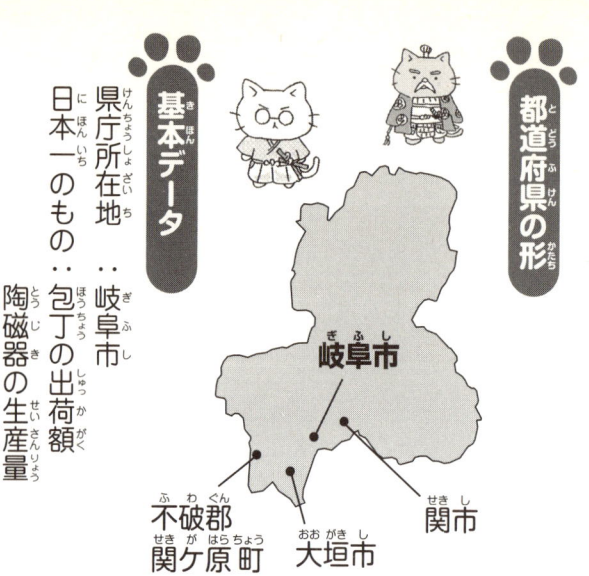

れきし

天下分け目の関ケ原

1600年、現在の岐阜県不破郡関ケ原町で、**関ケ原の戦い**が起こりました。日本全国の大名が東西ふたつの軍に分かれて戦った大きな合戦です。東軍は**徳川家康**、西軍は**石田三成**がリーダーでした。

はじめは、西軍が有利に戦いが進んでいきましたが、西軍側の小早川秀秋をはじめ、多くの武将が次々と東軍に寝返っていきました。その結果、東軍が勝ち、徳川家康が天下を取りました。

ちり

日本アルプス「飛騨山脈」

日本アルプスのひとつに数えられている**飛騨山脈**は、岐阜県、富山県、長野県、新潟県をまたぐ山々です。ヨーロッパ各国にまたがるアルプス山脈になぞらえて「**北アルプス**」ともよばれています。

飛騨山脈の山には、日本最古の岩盤「飛騨片麻岩」があることで有名です。岩盤からは、奥飛騨原水とよばれるわき水が出ています。

さんぎょう

鎌倉時代から続く「刃物の町」

包丁やはさみなどの家庭用の**刃物**の生産量で日本一をほこる**関市**は、刃物の町として有名です。

刃物づくりは鎌倉時代から700年以上も続いており、その高度な生産技術を広めるために、毎年、刃物まつりが開催されています。

静岡県

都道府県の形

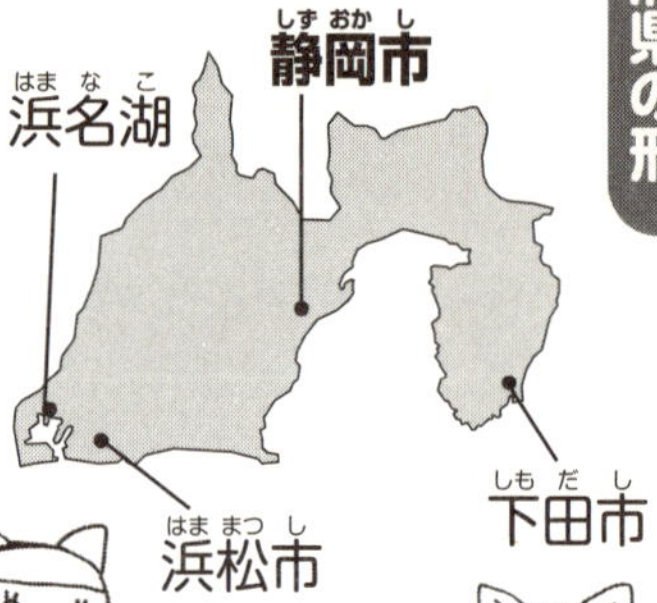

基本データ

県庁所在地：静岡市

日本一のもの：ピアノの生産量
茶の収穫量

ゆかりの人物

今川義元
(1519～1560年)

駿河国と遠江国（ともに現在の静岡県）と三河国（現在の愛知県東部）の3国を支配した大名。東海に一大勢力を築きましたが、桶狭間の戦いで、織田信長にうたれました。

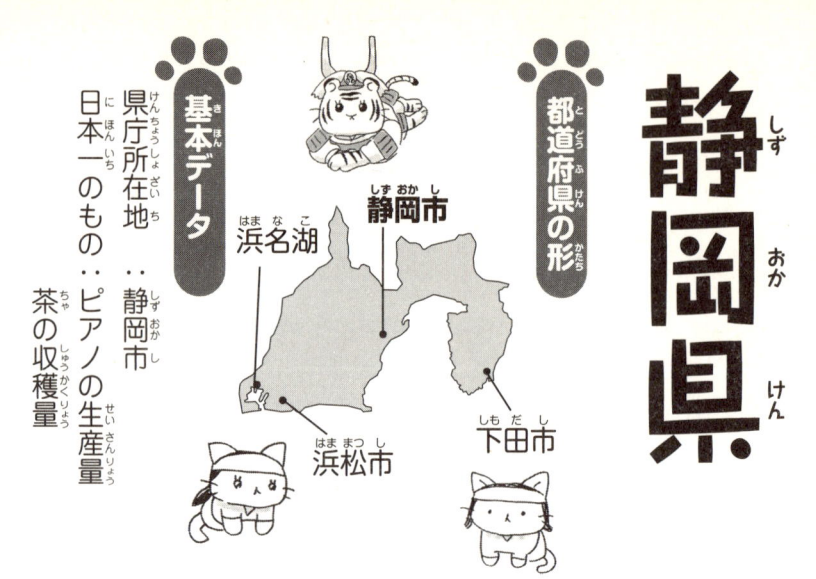

れきし

弥生時代のくらしがわかる登呂遺跡

1943年、静岡市で**登呂遺跡**が発見されました。

登呂遺跡からは、弥生時代の人々が生活していた様子がわかりました。**竪穴住居**や**高床倉庫**が復元されています。出土した土器や農具などは、静岡市立登呂博物館で展示されています。

ちり

ウナギの養殖で有名な浜名湖

浜名湖は、浜松市と湖西市にまたがります。湖ですが、太平洋とつながっているため、海水がまざっています。

浜名湖では、**ウナギ**やノリの養殖がさかんで、とくにウナギの養殖は、100年以上の歴史があります。その他にもアサリやエビがとれます。

さんぎょう

日本茶の名産地

静岡県は、**日本茶**の収穫量が日本一です。静岡県内で収穫されたお茶は「静岡茶」とよばれ、日本茶のブランドのひとつとなっています。

静岡茶発祥の地は、現在の静岡市葵区足久保という地域とされています。鎌倉時代、中国からお茶の種を持ち帰った僧が、足久保でまいたことが、静岡茶のはじまりだといわれています。

江戸時代には、足久保でとれたお茶が江戸城に届けられ、その後約60年にわたって納められ続けました。

愛知県

都道府県の形

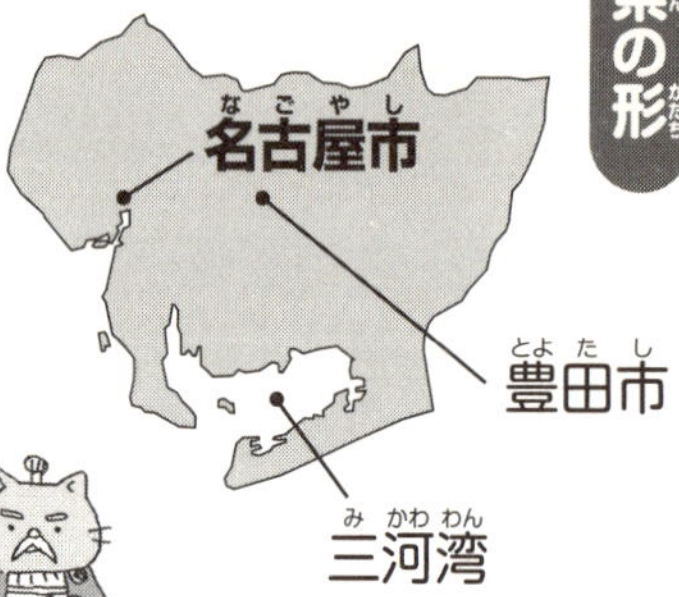

基本データ

県庁所在地：名古屋市
日本一のもの：自動車の生産台数
イチジクの収穫量

ゆかりの人物

織田信長
(1534～1582年)

尾張国(現在の愛知県西部)を統一し、長篠の戦いでは鉄砲隊を率いて武田軍に圧勝します。しかし、部下の明智光秀に裏切られ、天下統一はかないませんでした。

れきし

政治・経済の基礎をつくった戦国三傑

戦国時代には、**織田信長**・**豊臣秀吉**・**徳川家康**の「**戦国三傑**」とよばれた武将が、現在の愛知県から誕生しました。

信長は、新しい政策や体制をつくり、領土をどんどん拡大していきました。秀吉は、信長のあとをついで天下を統一。検地や刀狩りを行って、武士とそれ以外の人の身分をはっきりと分ける「兵農分離」を進めました。家康は、信長や秀吉が固めた制度などを活かし、日本を治めました。

ちり

夜光虫で人気の三河湾

知多半島と渥美半島に囲まれた**三河湾**では、ノリの養殖が行われています。また、この三河湾ではクルマエビやカレイなどの魚介類がたくさんとれます。とくに、愛知県はアサリの水揚げ量が全国1位です。

夏には、海水浴場としても活用され、地元の人や観光客でにぎわいます。三河湾では、夜になると、夜光虫とよばれる海洋性プランクトンが、海面で青く光る現象が見られることもあります。

さんぎょう

自動車の町、豊田

日本だけでなく世界でも有名な会社のひとつである**トヨタ自動車**の本社は、**豊田市**にあります。トヨタ自動車があるため、愛知県は自動車の生産台数が日本一です。また愛知県は、自家用乗用車保有台数のランキングでも全国1位となっています。

ねこねこクイズ③

中部地方の都道府県についてのおさらいクイズ！　答えは左ページの下にあるよ。

❶

冷たい水でしか育たない、長野県の名産物は何かニャ？

A：茶

B：ブドウ

C：ワサビ

❷

石川県にある日本三名園のひとつは、「兼○園」。○の中に入る数字はどれかニャ？

A：八

B：六

C：九

❸

この形の都道府県はどこかニャ？

A：静岡県

B：愛知県

C：岐阜県

❹

新潟県と長野県にまたがって流れる川は何という川かニャ？

A：信濃川

B：九頭竜川

C：利根川

❺

この形の都道府県はどこかニャ？

A：長野県

B：山梨県

C：福井県

❻

茶の収穫量が日本一の都道府県はどこかニャ？

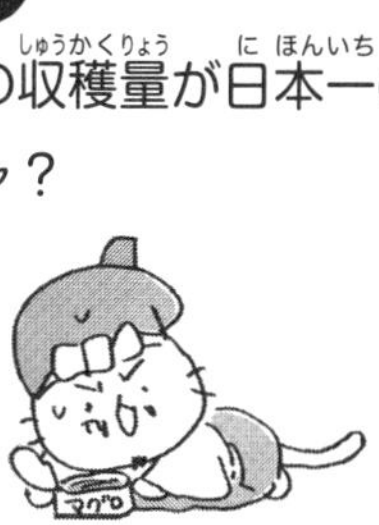

A：石川県

B：長野県

C：静岡県

正解 ❶C ❷B ❸C ❹A ❺B ❻C

近畿地方

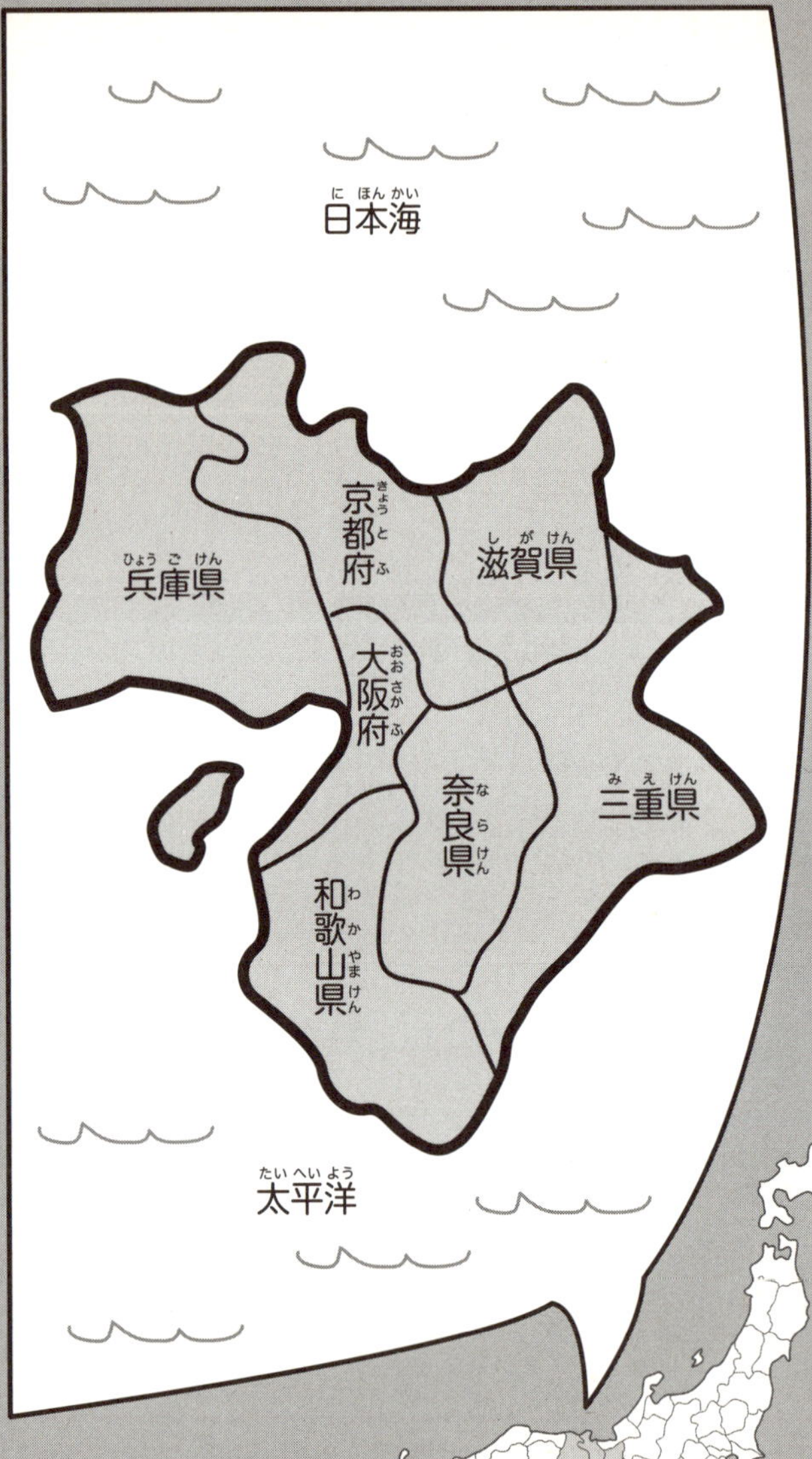

日本海
京都府
兵庫県
滋賀県
大阪府
三重県
奈良県
和歌山県
太平洋

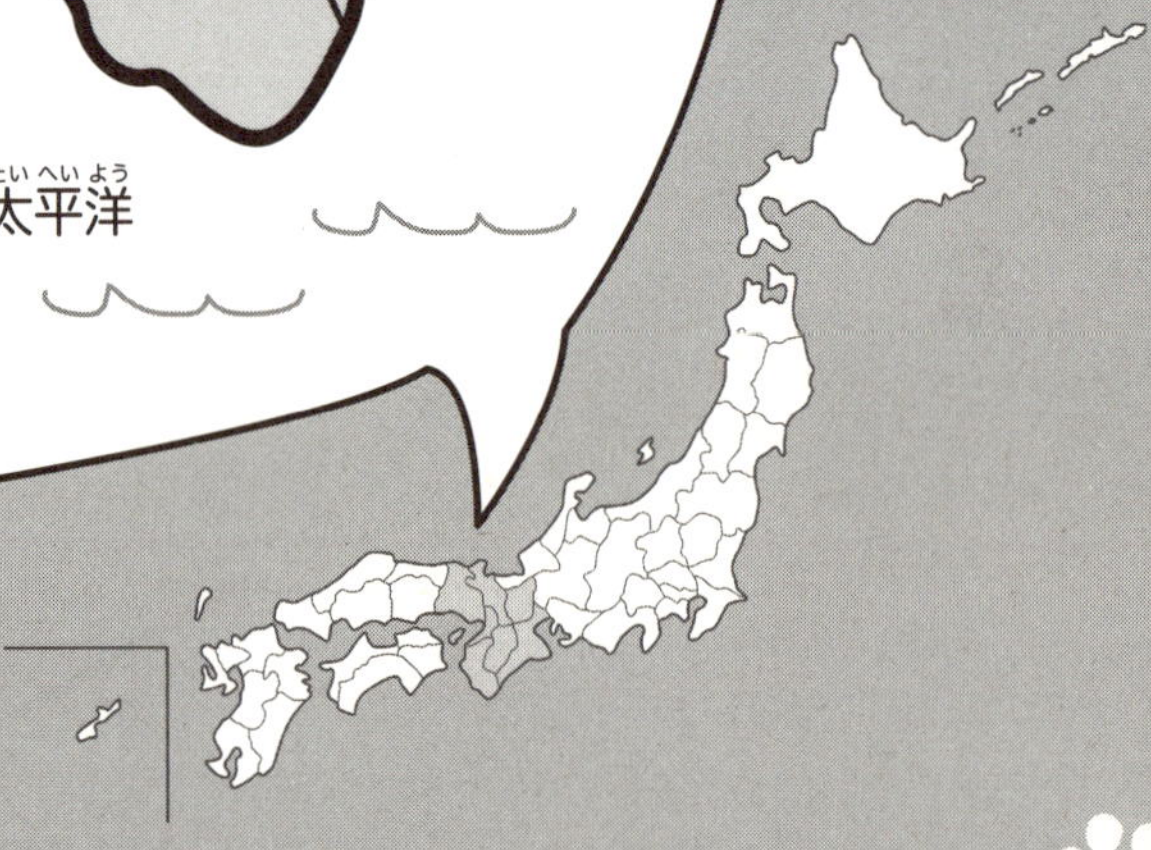

歴史上でも重要な地方

本州の中西部にあって、大阪府を中心に大都市圏が形成されているよ。奈良県には平城京、京都府には平安京など、昔は都が置かれていて、歴史上重要な建物が数多く残っているニャ。

聖徳太子

4コママンガ

三重県

都道府県の形

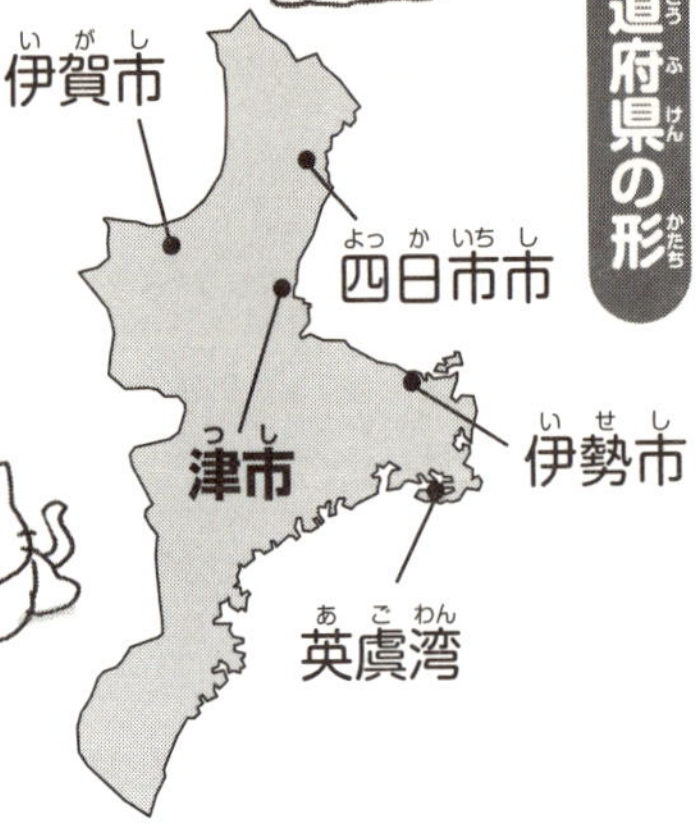

基本データ

県庁所在地：津市

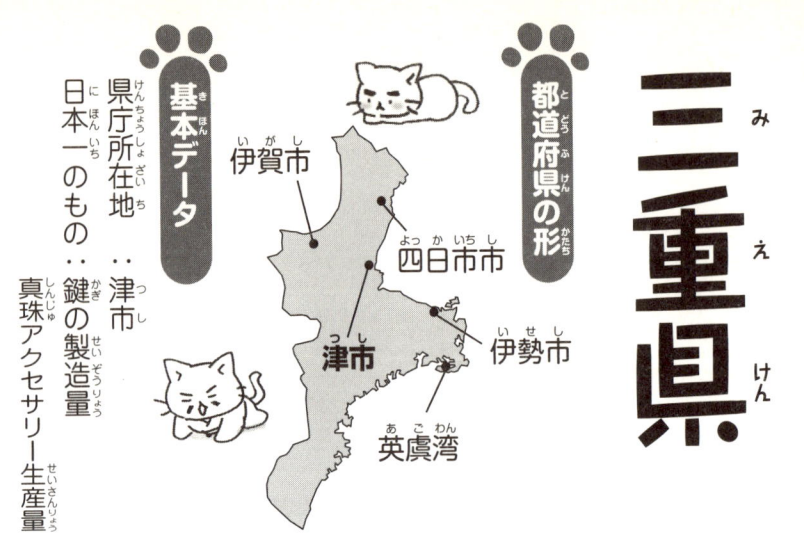

日本一のもの：鍵の製造量
真珠アクセサリー生産量

ゆかりの人物

松尾芭蕉

(1644～1694年)

伊賀国（現在の三重県北西部）出身。俳句のもとになった「俳諧」を発展させました。東北・北陸地方などを旅して書いた『おくのほそ道』という紀行文が有名です。

れきし

特殊能力をもつ伊賀の忍者

伊賀国（現在の三重県北西部）は京の都の近くにありました。都で起こる争いの様子を、ひそかに山のなかで探っていたのが**伊賀忍者**のはじまりといわれています。

戦国時代、忍者は手裏剣や鎌など、独特の道具を使って戦ったといわれます。暗号を使って連絡をとったり、人の顔の特徴からその性格や力量を判断したりする能力があり、活躍していたそうです。

ちり

多くの人がおとずれる伊勢神宮

伊勢市の**伊勢神宮**の内宮にまつられている**天照大御神**は、日本の神々をとり仕切る役目をしていると考えられています。伊勢神宮には毎年たくさんの人がお参りに来ます。電車や飛行機がない江戸時代にも、人々は何日も歩いてお参りに来ていました。その参拝客に好まれたのが餅です。参道で売られていた餅のひとつが、現在の三重県の名物「**赤福餅**」だったといわれています。

さんぎょう

有名になった真珠アクセサリー

三重県は明治時代から**真珠アクセサリー**生産がさかん。**ミキモト**という会社の創業者・御木本幸吉が、半円真珠の養殖を世界ではじめて成功させたことがきっかけです。

ミキモトの研究所がある**英虞湾**は、水深が深く、水温が1年を通して高いところです。この環境が真珠の養殖をするのに適しています。

滋賀県

都道府県の形

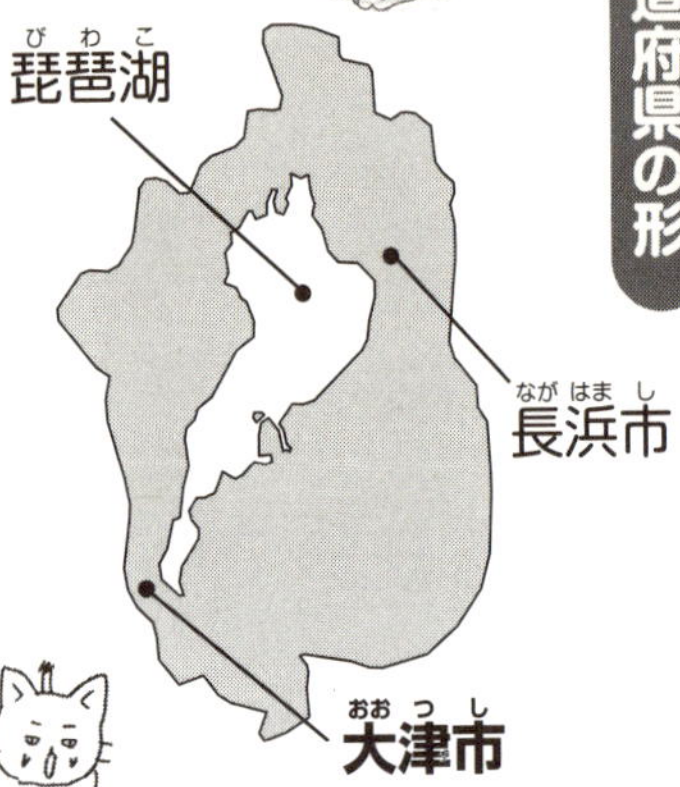

基本データ

県庁所在地：大津市

日本一のもの：はかりの生産量
麻織物の出荷額

ゆかりの人物

石田三成

(1560〜1600年)

近江国（現在の滋賀県）の出身です。豊臣秀吉の重要な家来でした。関ヶ原の戦いでは豊臣側である西軍の中心として東軍の徳川家康と戦いましたが、敗れました。

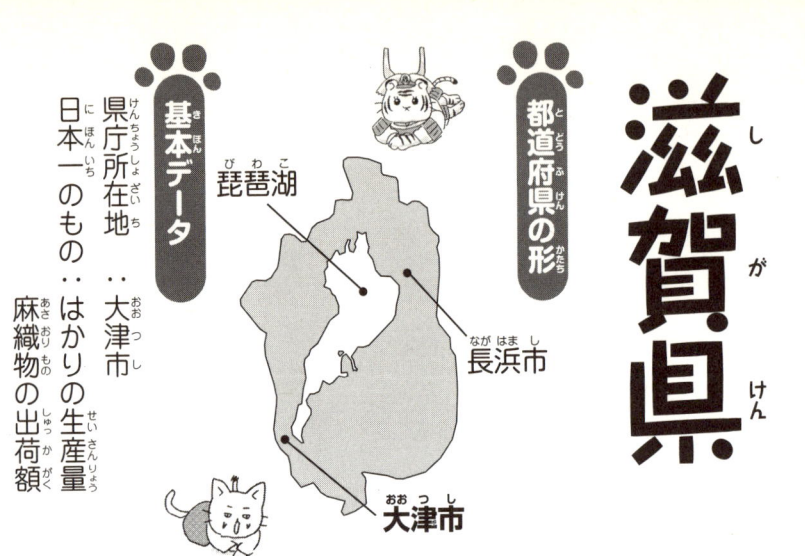

れきし

琵琶湖のほとりにあった安土城

安土城は織田信長がつくった、琵琶湖のほとりにあったとされているお城です。安土城を琵琶湖の近くにつくった理由のひとつは、船での移動がしやすいことでした。

滋賀県と京都府にまたがる**比叡山**には、その山全体を境内とする、**延暦寺**という寺院があります。788年に最澄が開き、現在、世界文化遺産に登録されています。

ちり

日本一大きな湖の琵琶湖

滋賀県にある**琵琶湖**は、日本で一番大きな湖です。400万年も前からすでにあったと考えられていて、これは世界でも有数の古さです。

現在、琵琶湖のアユやフナは高級品としてあつかわれています。琵琶湖にしかいないニゴロブナを発酵させてつくる「フナずし」は、滋賀県の名物です。

さんぎょう

麻の一大産地

滋賀県は昔から衣服を織るのに使われる**麻**の栽培がさかんでした。これは、麻をつくるのに必要な湿気が多い地域だったことなどが理由です。

織りやすく通気性のよい麻は、庶民の普段着をつくるために使われることが多かったのですが、滋賀県産の麻織物は細い糸でつくられた高級品でした。さらに、麻を織る技術も発展していて、将軍家にも献上されたほどでした。

京都府

都道府県の形

基本データ

府庁所在地：京都市

日本一のもの：国指定重要文化財の建造物の数
大学の数

ゆかりの人物

藤原道長

(966〜1027年)

平安時代の貴族です。娘４人を天皇に嫁がせて、あと継ぎの天皇の祖父となりました。道長は天皇の代理として仕事をすることで、最高権力者となりました。

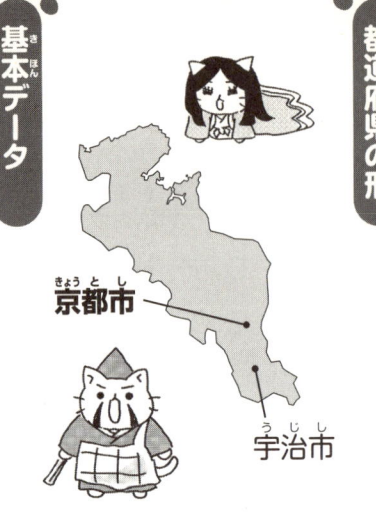

れきし

金ぱくが貼られた金閣寺

京都市北区にある**金閣寺**は室町幕府の3代将軍・**足利義満**がつくったお寺です。金ぱくが貼られた様子から金閣寺とよばれますが、正式名称は「**鹿苑寺**」といいます。明（現在の中国）からの使者を金閣寺で迎えることもありました。

銀閣寺は金閣寺から約90年後の、**足利義政**の時代に建てられました。銀ぱくは貼られておらず、うるしぬりになっています。

ちり

碁盤の目のような町

794年に完成した**平安京**は、道路が東西南北に交わり、碁盤の目のような形になっていました。

平安京では、天皇がくらす御所のあった場所が町の北（上）のほうにあったため、御所のあるほうは「上る」、正反対は「下る」といい、東西（左右）は「東入る」「西入る」といいました。京都市内の一部では、今もこの表現を用いて住所を表します。

さんぎょう

京都に伝わる伝統産業

平安時代、現在の京都市上京区を中心に発展したのが「**西陣織**」という織物です。西陣織製品のうち、もっとも多いのは帯で、約60％をしめています。

江戸時代の中ごろには、扇絵師の宮崎友禅斎によって、さまざまな模様を着物や帯にかいて染める「**京友禅**」の原型がつくられました。

大阪府

都道府県の形

基本データ

府庁所在地：大阪市

日本一のもの：水彩絵の具の生産量
毛布の生産量

ゆかりの人物

豊臣秀吉
(1537~1598年)

あだ名は「サル」。貧しい生まれながら、織田信長に仕えて活躍し、大出世しました。信長の死後、実権を握って天下を統一します。大坂城をつくった人です。

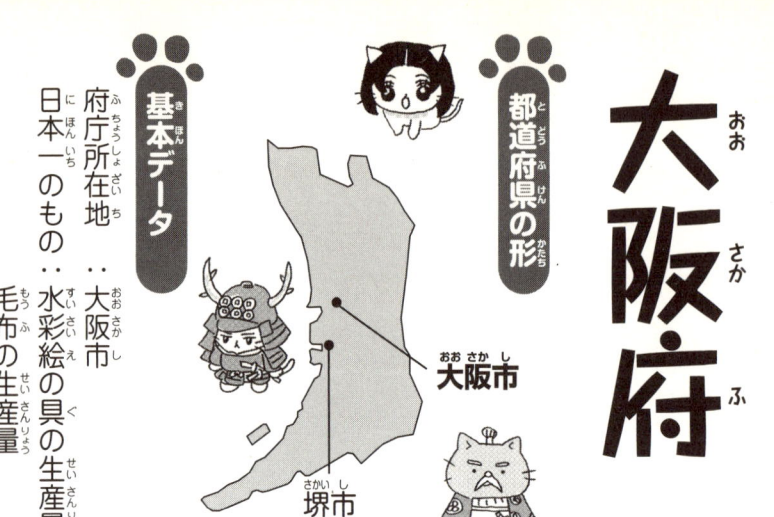

れきし

豊臣家と徳川家が戦った大坂の陣

徳川家康は、天下を統一するため大坂にいた豊臣秀吉の息子、秀頼を倒そうとしていました。二度の戦があり、それぞれ「**大坂冬の陣**」「**大坂夏の陣**」とよばれています。最初の戦い、冬の陣では豊臣方についた**真田幸村**などが活躍。鉄砲隊を率いて徳川軍を撃退しました。しかし徳川軍は二度目の夏の陣で攻撃をしかけて勝利。豊臣家をほろぼしました。

ちり

面積の大きさ最下位を脱出

1988年まで、大阪府は日本でもっとも面積のせまい都道府県でした。しかし、この年に都道府県の面積のはかり方を変えたことで、それまで2番目に小さかった香川県が、もっとも面積のせまい都道府県となりました。

その後、**関西国際空港**を建設するために、大阪湾の一部をうめ立てるなど、**うめ立て**を行ったことで、面積が広くなりました。

めんぎょう

大阪を中心とする阪神工業地帯

阪神工業地帯とは、大阪府を中心に海沿いに連なる工業製品をつくる企業の集合地区です。造船や電気製品、燃料や薬品などの事業所が立ちならびます。

工業地帯が海沿いにある理由は、資材を輸入して船からすぐに降ろせるから。また、完成品の輸送に適しているからだといわれています。

兵庫県

都道府県の形

基本データ

県庁所在地　：神戸市

日本一のもの：マッチの生産量
　　　　　　　手延べそうめんの生産量

ゆかりの人物たち

赤穂浪士

自分たちが仕える殿様が一方的に切腹させられたことをきっかけに、そのかたきを討つために戦った、播磨国赤穂郡（現在の兵庫県赤穂市）の47人の藩士です。

れきし

異国の雰囲気ただよう神戸

神戸港は、古代から、朝鮮半島などの外国への玄関口となっていました。明治時代に入ってからはアメリカやヨーロッパに向けても開かれ、クルーズ船なども停まるようになりました。

神戸には、江戸時代に外国人がすむことを許されたエリア「居留地」がありました。今も「**北野異人館街**」として西洋館が並ぶエリアがあります。また、「**南京町**」は、中国風の建物や風景を見ることができるエリアです。

ちり

野球少年のあこがれ、阪神甲子園球場

阪神甲子園球場は大正時代に完成しました。プロ野球の試合が行われる球場としては、日本でもっとも古い球場です。

野球の試合時の客席数は日本最大で、とくに春と夏に開催される**高校野球の全国大会**が行われる球場として有名です。ときには野球以外の目的でも利用されます。

さんぎょう

そうめんづくり日本一

兵庫県でつくられる**そうめん**は、日本全体の生産量の約4割を占めていて、日本一です。600年前の書物に、当時の兵庫県で食べられていた「サウメン」という食べ物が出てきますが、これが播州（現在の兵庫県西南部）そうめんの原型です。揖保川中流地域でつくられるそうめんは、「**揖保乃糸**」とよばれています。

奈良県

都道府県の形

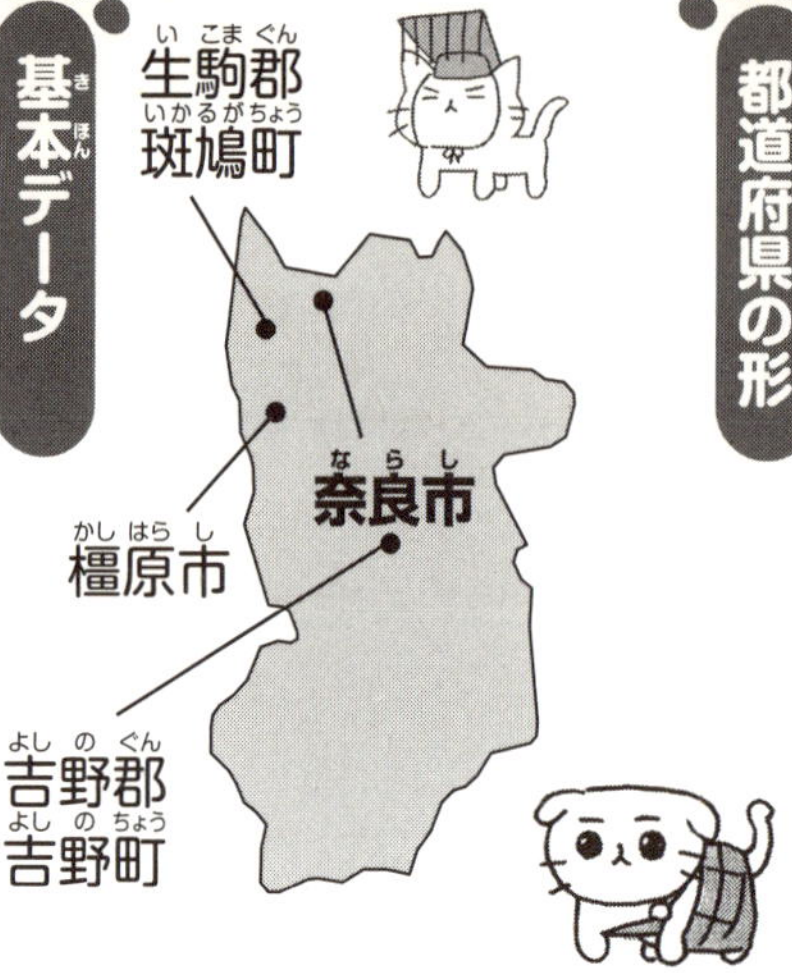

基本データ

県庁所在地：奈良市

日本一のもの：カレールウの出荷量
靴下の生産量

ゆかりの人物

聖徳太子

(574～622年)

日本の政治の基礎をつくった人といわれています。才能や努力によって出世できる「冠位十二階」や、日本ではじめての憲法となる「十七条憲法」などを定めました。

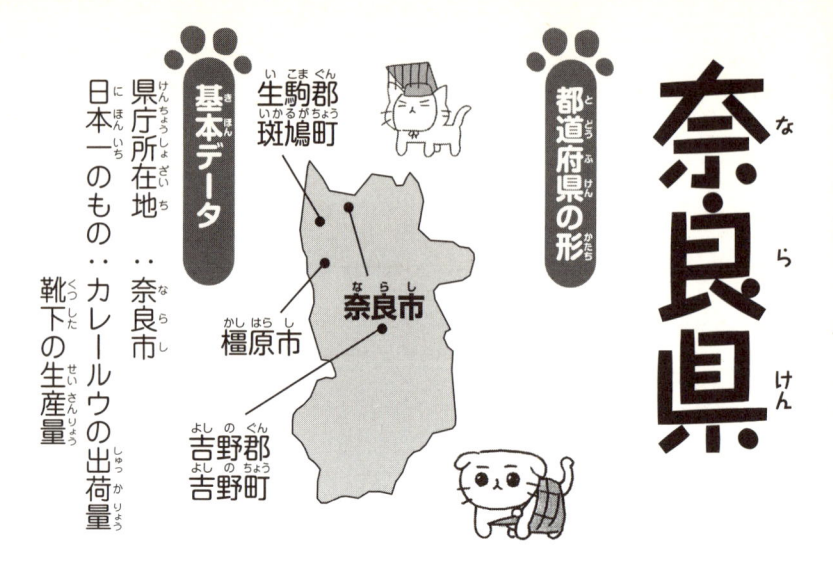

れきし

世界でもっとも古い木造建築

法隆寺は、607年に**聖徳太子**によって建てられました。現在の斑鳩町にあり、別名「斑鳩寺」ともよばれています。

敷地の広さは約19万㎡もあって、そのなかに125棟もの建物があります。なかでも五重塔は、世界でもっとも古い木造建築物といわれています。建物のなかには釈迦三尊像や百済観音像などたくさんの仏像があり、それらも世界的な価値があると評価されています。

ちり

日本一の桜の名所「吉野山」

吉野山は奈良県の中央部にあります。古くから百人一首の和歌にもよまれ、自然の美しい土地として知られてきました。

とくに**桜**の名所として有名で、3万本もの桜が開花します。夏にかけてはアジサイがさき、秋には紅葉が見られます。

さんぎょう

中国から伝わった墨づくり

学校で習字をするときにも使う**墨**。この墨は、中国から日本に伝わりました。墨は、とくに日本で仏教がさかんになってきたころに必要とされました。教えを伝えるための教本を書き写す作業で、たくさんの墨が使われたからです。

現在、日本の墨のほとんどが奈良県でつくられています。1973年には、奈良県のメーカーが新たな商品として筆ペンを発売し、大ヒットしました。

和歌山県

都道府県の形

基本データ

県庁所在地：和歌山市

日本一のもの：梅の収穫量
ミカンの収穫量

ゆかりの人物

徳川吉宗
（1684〜1751年）

元紀州藩（現在の和歌山県）の藩主で、江戸幕府の８代将軍となりました。人々の不満を聞いたり、倹約令を出して節約に努めたりして、幕府の財政を立て直しました。

れきし

神聖な道、熊野古道

紀伊山地の**熊野三山**といわれている3つの神社に向かう道のことを、**熊野古道**といいます。古くから信仰されてきた歴史が評価され、2004年に世界文化遺産に登録されました。

日本人は昔から山や木などの自然を祈りの対象としていました。そこに海外から伝わった仏教がまざり、独自の形になったのが「熊野信仰」です。室町時代には、熊野参りが大ブームとなりました。

ちり

日本のハワイ!? 南紀白浜

南紀白浜は、和歌山県の南に位置する白浜町の別名です。南紀白浜には海水浴場や温泉地があります。白い砂のビーチが広がり、海では熱帯魚が泳いでいるので、「日本のハワイ」とよぶ人もいます。

四季を通じて気候が温暖なので、ミカンや柿などのフルーツ栽培がさかんです。

さんぎょう

最高峰の梅の産地

和歌山県では、日本で最高峰といわれる「**南高梅**」というブランドの梅を育てています。南高梅という品種は、種が小さく果肉が厚いのが特徴です。収穫されたもののうち7割は梅干しに、残りは梅ジュースや梅酒になります。

南高梅の梅干しは乾燥させても大粒のままなので、とても品質のいい梅干しとしてあつかわれています。

ねこねこクイズ④

近畿地方の都道府県についてのおさらいクイズ！　答えは左ページの下にあるよ。

❶

滋賀県の県庁所在地はどこかニャ？

A：滋賀市

B：大津市

C：津市

❷

甲子園球場があるのはどの都道府県かニャ？

A：兵庫県

B：大阪府

C：三重県

❸

この形の都道府県はどこかニャ？

A：奈良県

B：和歌山県

C：大阪府

❹

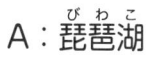

日本一大きな湖は何という名前かニャ？

A：琵琶湖

B：大湖

C：飛鳥湖

❺

この形の都道府県はどこかニャ？

A：三重県

B：兵庫県

C：京都府

❻

奈良県で有名な桜の名所はどこかニャ？

A：吉川山

B：吉野山

C：吉田山

正解　❶B　❷A　❸B　❹A　❺C　❻B

中国・四国地方

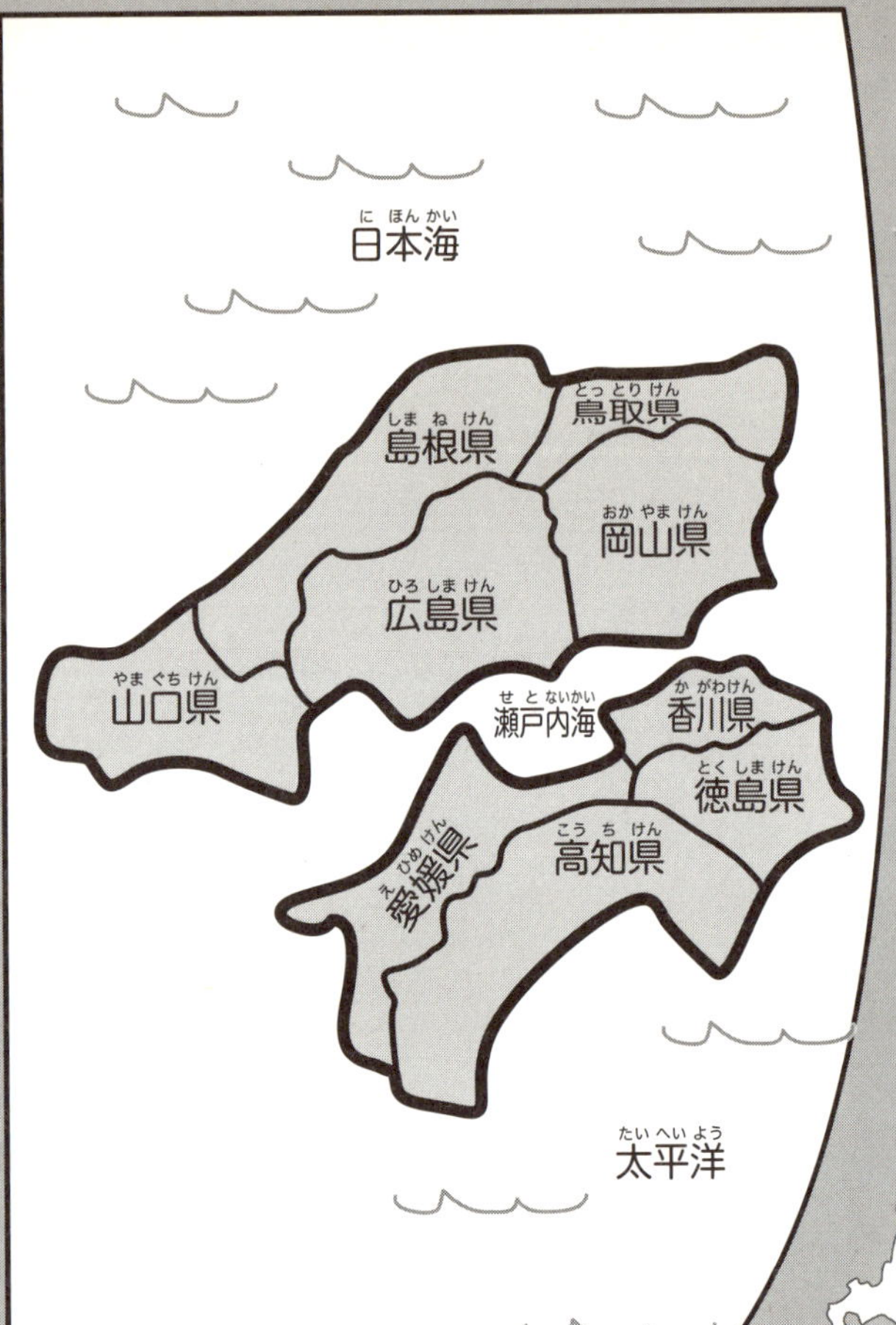
日本海
鳥取県
島根県
岡山県
広島県
山口県
瀬戸内海
香川県
徳島県
愛媛県
高知県
太平洋

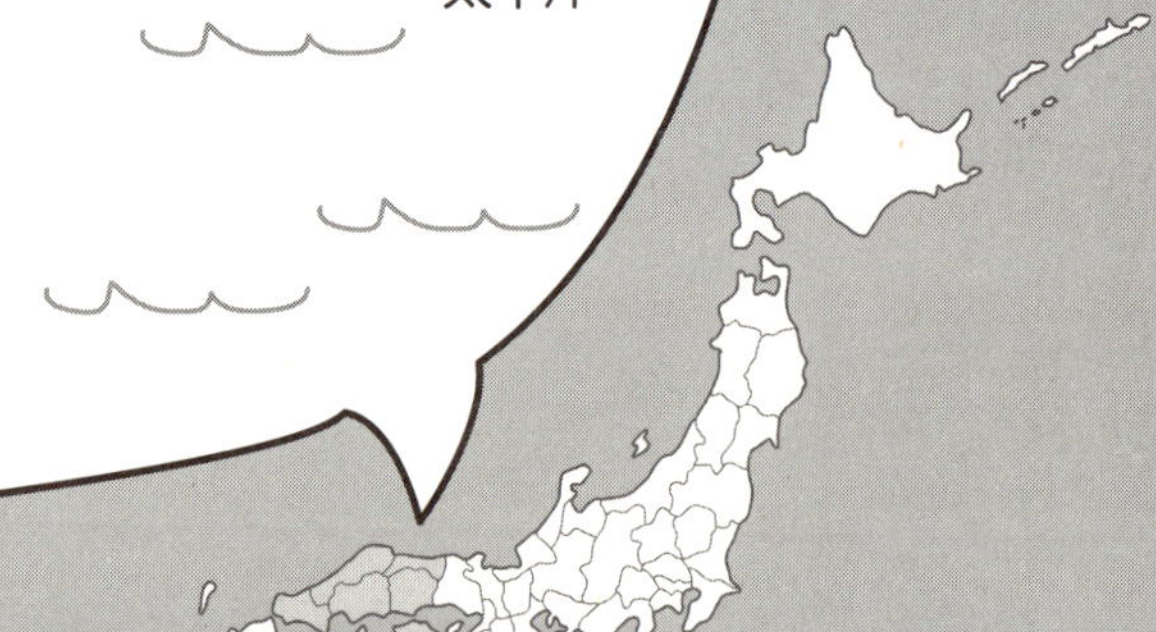

接する海によって気候が変わる

瀬戸内海をはさんで、北側を中国地方、南側を四国地方とよぶぜよ。太平洋、日本海、瀬戸内海のどの海に面しているかで気候がちがうから、地域ごとに特色のある農産物を生産しているぜよ。

坂本竜馬

4コママンガ

西暦1853年…
鎖国の日本に突如黒船が現れた
ゴ
ゴゴ
ゴ
土佐藩士
坂本竜馬
おお───!!
ニャンぜよ!
ペリー（アメリカンショートヘアー）
ゴ
ゴ
ゴ
異国の…
猫ぜよ!!

鳥取県

都道府県の形

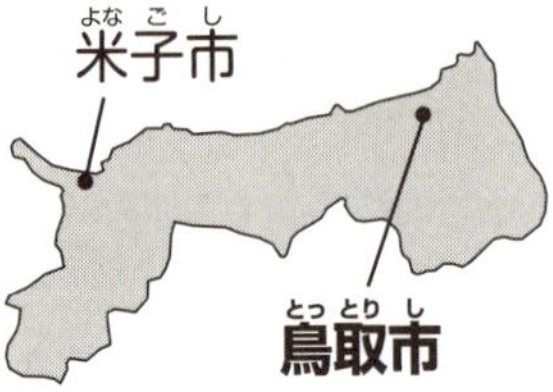

基本データ

県庁所在地：鳥取市
日本一のもの：二十世紀ナシの収穫量
ベニズワイガニの漁獲量

ゆかりの人物

後醍醐天皇

(1288～1339年)

鎌倉幕府を倒した天皇です。倒幕に一度失敗して、隠岐へ島流しになります。隠岐から脱出して到着したのは名和湊（現在の鳥取県御来屋港）といわれています。

れきし

因幡の白うさぎ伝説

「**因幡の白うさぎ**」は鳥取県で有名な日本神話です。あるとき、神様が因幡国（現在の鳥取県）に住む美しい姫に会うため出雲国（現在の島根県）を出発しました。

旅の途中、大けがをしたうさぎに出会った神様は、うさぎに治療方法を教えて命を助けます。じつは、このうさぎは姫の使いでした。うさぎの案内により神様は美しい姫と結婚することができました。

このお話にゆかりのある神社が、鳥取市にある**白兎神社**です。

ちり

自然が生み出した鳥取砂丘

鳥取砂丘は海岸線に沿って砂が集まることでできた砂地のことです。砂は、人の力ではなく、自然の力で運ばれました。

中国山地の岩石が太陽の光や風雨の影響でくだけて砂になり、砂は雨に流され川へ運ばれ、海へと流れます。海にたまった砂は、波の働きによって岸へ打ち上げられます。打ち上げられた砂が、風によって内陸へ運ばれることで、鳥取砂丘ができました。

さんぎょう

砂地に強いらっきょうの生産

砂だらけで植物が育ちにくい砂丘でもつくれる農作物として、**らっきょう**の栽培がさかんになりました。

らっきょうは冬に雪の積もった土のなかで育ちます。らっきょうの実がしまり、シャキシャキとした歯ごたえになるのです。

島根県

都道府県の形

基本データ

県庁所在地：松江市

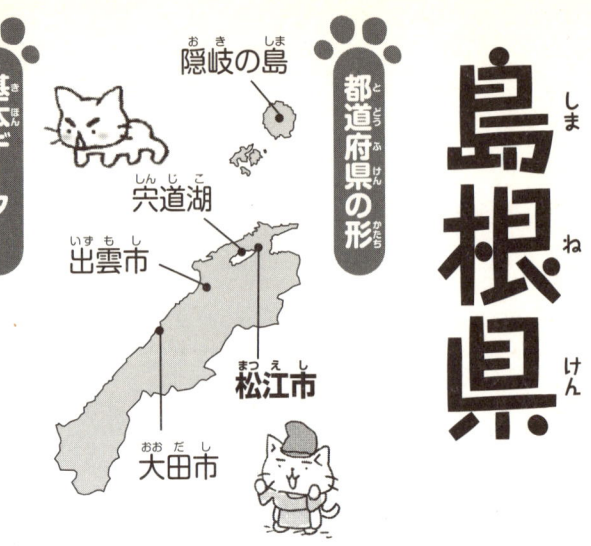

日本一のもの：シジミの購入額
牡丹の生産量

ゆかりの人物

尼子経久

(1458~1541年)

出雲国（現在の島根県東部）生まれの大名。攻めにくい城として有名だった月山富田城を中心に、出雲国を治め、一時期は中国地方の大部分に勢力を拡大しました。

れきし

縁結びの出雲大社

出雲大社は縁結びの神様がまつられている神社で、とても古い歴史があります。友人や勉強、仕事との縁など、さまざまな縁を結びに多くの人がお参りにやってきます。

神様は旧暦の10月、全国から出雲大社に集まるといわれています。全国的に10月の別名は「神無月」といいますが、出雲地方だけは神様がいるという意味で「神在月」とよばれています。

ちり

銀がたくさんとれた石見銀山

大田市にある**石見銀山**では、その名のとおり銀が採掘されていました。17世紀前半には世界の銀産出量の3分の1もの銀がとれたといわれています。石見銀山があった場所は山の中の小さな集落でしたが、銀の採掘がはじまってからは多くの人が集まり、栄えました。

２００７年、石見銀山遺跡は世界文化遺産に登録されました。自然と共存した産業遺跡として高く評価されています。

さんぎょう

栄養たっぷりのヤマトシジミ

島根県にある**宍道湖**では「**ヤマトシジミ**」がとれます。その漁獲量は日本トップクラスをほこります。

ヤマトシジミは、淡水と海水がまざった水の中で育つ二枚貝です。栄養が豊富で独特の風味と香りがあり、おもにみそしるやスープの具として使われます。

岡山県

都道府県の形

基本データ

県庁所在地：岡山市

日本一のもの：白桃の収穫量
マスカットの収穫量

ゆかりの人物

宮本武蔵

(1584〜1645年)

美作国（現在の岡山県）と播磨国（現在の兵庫県）の出身説があります。2本の剣を使う「二刀流」で知られた剣豪で、剣術の奥義書『五輪書』を書いた人です。

れきし

桃太郎伝説の吉備津神社

吉備津神社は、**桃太郎**が鬼退治をした伝説が残る神社です。桃太郎のモデルとなったのは、この神社にまつられている吉備津彦命という神様でした。

岡山県の県の花は「桃」、県の鳥は「キジ」、そしておみやげといえば「**きびだんご**」です。神社の周辺には鬼のすみかといわれた鬼ノ城という山城の跡が残っています。

ちり

長年の悲願かなった瀬戸大橋

1988年に完成した岡山県から四国までの島々をつないだ10本の橋が**瀬戸大橋**です。橋がない時代、本州から四国へは瀬戸内海を船で渡っていたため、移動に時間がかかっていました。そこで橋をかける計画がもち上がったのです。瀬戸大橋は、当時できる限りの技術をつめこみ、10年をかけてつくられました。

それまで船で海を渡っていたために強風や荒波など気象に左右されていましたが、橋ができたことで、いつでも短い時間で、安全に渡れるようになりました。

さんぎょう

フルーツの産地・岡山県

岡山県は**マスカット**の収穫量が日本一です。温室栽培を研究し品種改良を重ねて、たくさん栽培ができるようになりました。

また**白桃**も特産品です。桃太郎の話が生まれたことからも岡山県といえば桃、というほどに有名なくだものです。

広島県

都道府県の形

基本データ

県庁所在地：広島市

日本一のもの：牡蠣の漁獲量
レモンの収穫量

ゆかりの人物

毛利元就

(1497〜1571年)

安芸国（現在の広島県西部）出身の大名。多くの武将を破って中国地方を治めただけでなく、九州地方にも勢力をひろげました。一時期は西日本最大の力をもっていました。

れきし

原爆が落とされた広島県

1945年8月6日、広島県に世界ではじめて**原子爆弾**が落とされました。一瞬で大きな核爆発が起こり、熱線や爆風で10万人以上の人が亡くなりました。

もともと広島県物産陳列館として存在していた建物は、戦争を語りつぐものとして壊れた姿のまま**原爆ドーム**として残されています。周辺には平和記念公園や資料館がつくられました。

ちり

海の中にある厳島神社

厳島神社は約1400年前につくられました。海の中にある大鳥居は、満潮時には、水の上に浮いているように見えます。

宮島ともよばれる厳島は、瀬戸内海に浮かぶ島です。美しい景色をもつ場所として**日本三景**に選ばれています。

さんぎょう

海運を利用した瀬戸内工業地域

福山市は製鉄、呉市は造船、広島市は自動車製造がさかんです。また、岡山県や山口県も含めて、瀬戸内海沿岸各地に発達した工業地域のことを「**瀬戸内工業地域**」とよびます。

瀬戸内海を船で通って、物をつくる原料やつくった製品を運ぶことができ、海のうめ立てを行って土地を広げることが可能だったため、工業が発展しました。この地域の工業製品出荷額は日本で3本の指に入るほどの規模です。

山口県

都道府県の形

基本データ

県庁所在地：山口市

日本一のもの：フグの市場取扱量
セメントの出荷額

ゆかりの人物

吉田松陰

(1830～1859年)

長州藩の萩（現在の山口県萩市）生まれの思想家です。おじが開いた私塾「松下村塾」で学問を教え、時代を動かすような優秀な教え子をたくさん世に出しました。

れきし

長州藩出身の人々

江戸幕府に対して不満を抱き、自分たちの理想の日本をつくるため、戦った人たちが**長州藩**（現在の山口県）には多くいました。彼らは、天皇を敬って外国人を追い出すという**尊王攘夷**の思想をもって幕府と戦いました。

長州藩には**松下村塾**という、個人が開いた学校のようなものがありました。塾生にはのちに総理大臣になる伊藤博文や山縣有朋がいました。他にも、この塾の出身者は明治政府で大事な役職につきました。

ちり

時間をかけて完成した秋吉台

美祢市にある**秋吉台**は、面積が約45㎢の日本一広い**カルスト台地**です。カルスト台地とは、石灰岩でできた、周囲より１段高いなだらかな地形のこと。３億５０００万年前、海のサンゴ礁が現在の山口県まで移動して、秋吉台のもとになりました。

秋吉台の地下１００ｍには、日本最大規模の**秋芳洞**という鍾乳洞があります。

さんぎょう

セメント産業日本一

山口県ではコンクリートのもととなる**セメント**が生産されています。セメントとは道路の舗装や建物の建設に使われる素材です。

セメントの材料は石灰岩です。年間何百万ｔもの石灰岩が山口県で採掘されています。

徳島県

都道府県の形

基本データ

県庁所在地　：徳島市

日本一のもの：スダチの収穫量
LED（発光ダイオード）の生産量

ゆかりの人物

藤原純友

（893?～941年）

瀬戸内海の海賊を倒しに行ったはずが、海賊のリーダーとなり、瀬戸内海を中心に暴れまわった人物です。939年に朝廷に対して藤原純友の乱を起こしました。

れきし

全国で有名な阿波おどり

お盆の時期の４日間に徳島市で行われる**阿波おどり**は、「日本三大盆おどり」に数えられるほど人気があるイベントです。

阿波おどりは徳島県で生まれた盆おどりです。「連」とよばれるグループごとに街中をおどり歩きます。

盆おどりのシーズンには、徳島市の人口の５倍以上もの観光客が集まります。

ちり

海にできるうず潮

徳島県と兵庫県の淡路島の間を結んでいる**大鳴門橋**の下では、海水がぐるぐるとうずを巻きながら流れる、**うず潮**現象が起こります。

うず潮が発生すると、ものすごく大きな音がするので、「鳴門（鳴る瀬戸）」とよばれるようになったのではないかといわれています。

さんぎょう

LEDの生産量日本一

信号や電光掲示板や、街のイルミネーションなどに利用されている照明のことを、**ＬＥＤ（発光ダイオード）**といいます。

ＬＥＤは、けい光灯などにくらべて使う電力が少なく、寿命が長いすぐれものです。

徳島県は、ＬＥＤの生産量で日本一をほこります。青色のＬＥＤを世界ではじめて製品化したのが徳島県の企業。今ではＬＥＤを用いたさまざまな製品を開発するメーカーが１００社以上集まっています。

香川県

都道府県の形

基本データ

県庁所在地：高松市
日本一のもの：うどんの生産量
オリーブの収穫量

ゆかりの人物

平賀源内

(1728～1779年)

讃岐国（現在の香川県）生まれ。静電気を発生させる装置「エレキテル」を復元しました。洋画を描いたり、薬用の植物の研究を行ったりした多才な人物です。

れきし

みんなのあこがれ金刀比羅宮

江戸時代、庶民から支持された神社が、現在の琴平町にある**金刀比羅宮**です。江戸時代は自由な旅行が禁止されていました。ところが神社へ参拝することは許されていたため、お参りに行ったのです。

金刀比羅宮には、入口から本宮へ行くまでに785段もの急な階段があります。そんな金刀比羅宮は親しみをこめて「**こんぴらさん**」とよばれています。

ちり

温暖な気候の小豆島

小豆島は瀬戸内海に浮かぶ島で、**オリーブ**の栽培がさかんです。小豆島は日本ではじめて、オリーブ栽培に成功しました。暖かい場所で育つオリーブは、1年中温暖な気候の小豆島での栽培がぴったりでした。

小豆島が舞台の壷井栄の小説『二十四の瞳』をはじめとして、映画やドラマの撮影で使われたロケ地が島のあちこちにあり、観光名所になっています。

めんぎょう

うどんの生産・消費量日本一

香川県の名物といえば、**讃岐うどん**です。古くから香川県には小麦粉やしょうゆ、だしとなるイリコなどがあったことから、うどんがよく食べられるようになりました。

うどんの生産量が都道府県の中で飛びぬけて多いだけでなく、うどんの消費量も日本一です。年越しそばならぬ年越しうどんを食べる県民も多くいるそうです。

愛媛県

都道府県の形

基本データ

県庁所在地：松山市
日本一のもの：タオルの出荷額
いよかんの収穫量

ゆかりの人物

夏目漱石

(1867〜1916年)

肖像画が千円札にえがかれたことのある、日本を代表する小説家。『吾輩は猫である』などを書きました。愛媛県松山市で学校の先生をしていたことがあります。

88ケ所をめぐるお遍路さん

お遍路さんとは**四国八十八ヶ所めぐり**ともよばれ、四国４県の88ケ所のお寺をお参りしてまわることです。

この88ケ所は讃岐国（現在の香川県）で生まれた僧侶の**空海**にゆかりのあるお寺で、愛媛県内には26ケ所の霊場があります。もともとは修行のために僧侶がはじめたものですが、今ではすべてをまわりきると願いが成就すると考えられていて、毎年たくさんの人がお参りしています。

雨が少ないとよく育ついよかん

愛媛県は瀬戸内海式気候の影響で雨が比較的少なく晴天が多いため、水はけが大事な**いよかん**の栽培に適しています。

いよかんはミカンより皮が少し厚く、ジュースにも使われます。愛媛県はいよかんを含む**かんきつ類**の収穫量が日本一です。

タオルの出荷額日本一

絹や綿の栽培がさかんだった愛媛県。県内にある**今治**に、輸入品の**タオル**が入ってきたのは明治のはじめ。イギリス製の高級品で、肌触りのよいものでした。１９００年代に入り、今治で画期的な「２列同時タオル織り機」が開発されたことで、たくさん生産できるようになりました。

今治市には、糸を染める工場やタオルを織る工場など、２００近くものタオルに関連する工場が集まっています。

高知県

都道府県の形

基本データ

県庁所在地：高知市
日本一のもの：ショウガの収穫量
ユズの収穫量

ゆかりの人物

坂本竜馬
(1835～1867年)

土佐国（現在の高知県）生まれ。1865年に、貿易をするための会社をつくりました。薩摩と長州に薩長連合を結ばせるなど、新たな時代のために力をつくしました。

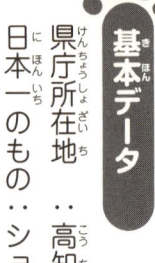

歴史に名を残した土佐の人

幕末の**土佐藩**（現在の高知県）には**坂本竜馬**や**板垣退助**、**岩崎弥太郎**など、歴史的に名を残した人物が大勢います。

坂本竜馬は江戸幕府を倒すきっかけをつくり、板垣退助は明治政府になってから政治家として活躍しました。岩崎弥太郎は三菱グループをつくった人です。

大規模なダムがない四万十川

高知県を流れる**四万十川**は、四国4県ではもっとも長く、流域面積でも2番目に大きな川です。

大きな川には、水量を調節して水を貯めておくためのダムがありますが、四万十川には大規模なダムがありません。大きな構造物がないことで、川の流れが変わることなく自然のままに保たれ、アユやノリ、エビなどが育ちやすい環境となっています。

カツオの一本釣りが有名

高知県は**カツオ**で有名です。高知でのカツオ漁法は、カツオの群れに針と糸を入れて1匹ずつ釣り上げていく方法で、**一本釣り**とよばれます。カツオを傷つけずに船に揚げることができます。

また、高知県は**ショウガ**の収穫量が日本一をほこります。さらに、高知県は冬も温暖な気候のため、暖かい気候を活かしてつくる**ユズ**というかんきつ類の収穫量でも日本一です。

ねこねこクイズ⑤

中国・四国地方の都道府県についてのおさらいクイズ！　答えは左ページの下にあるよ。

①

夏目漱石が書いた小説『我が輩は○である』。○の中に入るのはどれかニャ？

A：犬

B：猫

C：魚

②

香川県の県庁所在地はどこかニャ？

A：高松市

B：松山市

C：香川市

③

この形の都道府県はどこかニャ？

A：鳥取県

B：岡山県

C：山口県

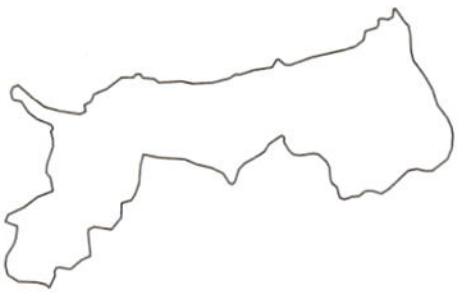

❹

広島県(ひろしまけん)の日本一(にほんいち)のものではないものはどれかニャ？

A：レモン

B：ワサビ

C：牡蠣(かき)

❺

この形(かたち)の都道府県(とどうふけん)はどこかニャ？

A：徳島県(とくしまけん)

B：香川県(かがわけん)

C：愛媛県(えひめけん)

❻

岡山県(おかやまけん)で収穫量(しゅうかくりょう)が日本一(にほんいち)のくだものはどれかニャ？

A：イチゴ

B：マスカット

C：パイナップル

正解(せいかい) ❶B ❷A ❸A ❹B ❺C ❻B

九州・沖縄地方

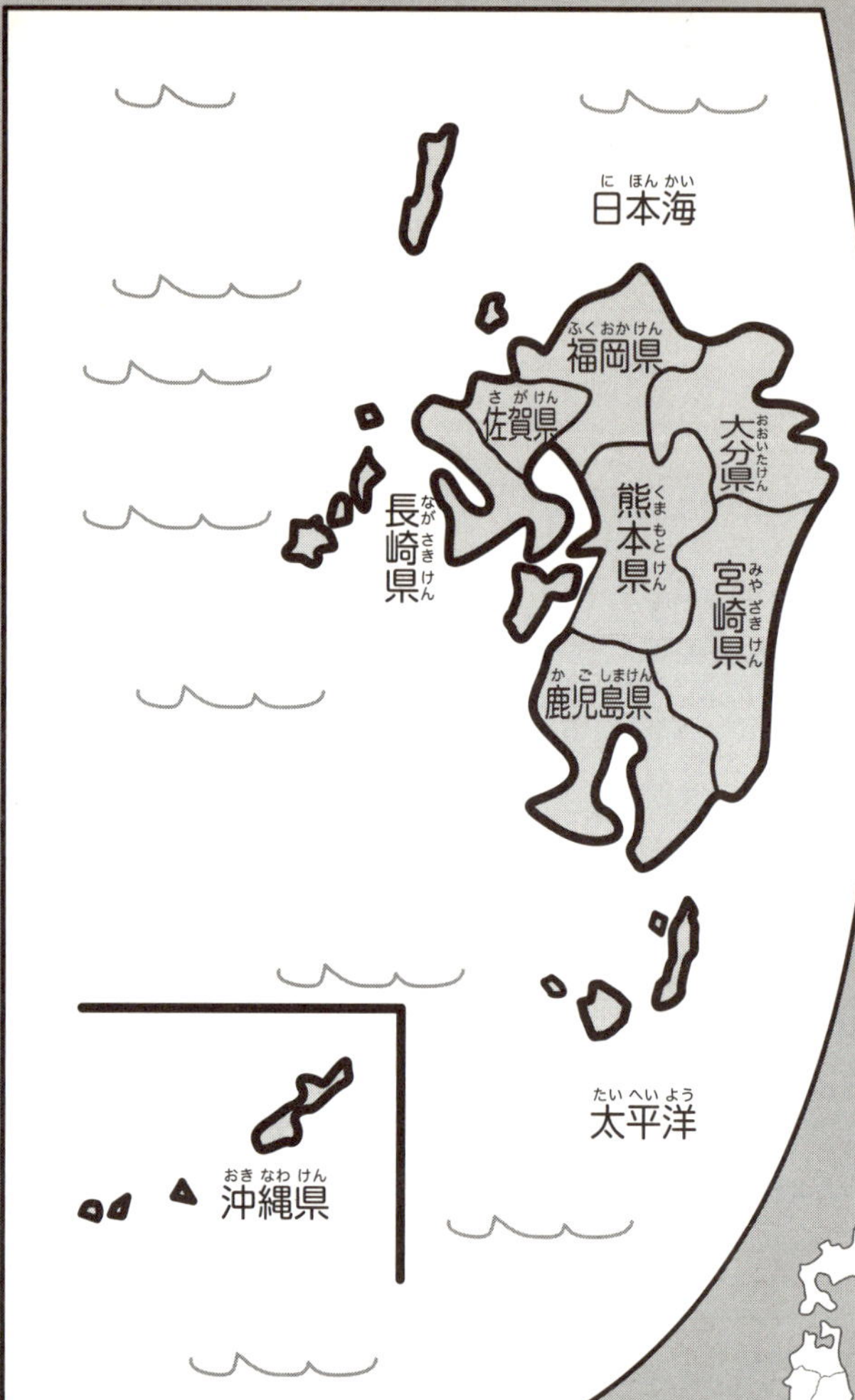
日本海
福岡県
佐賀県
長崎県
大分県
熊本県
宮崎県
鹿児島県
太平洋
沖縄県

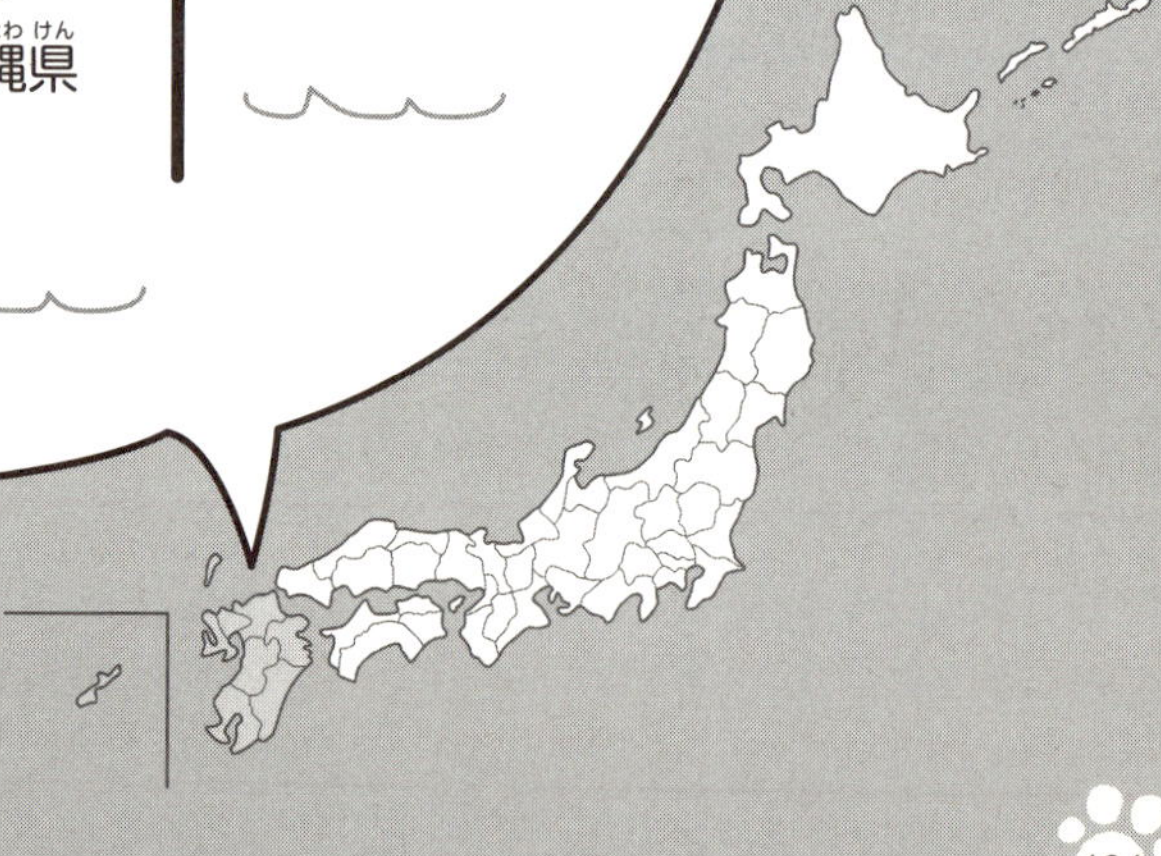

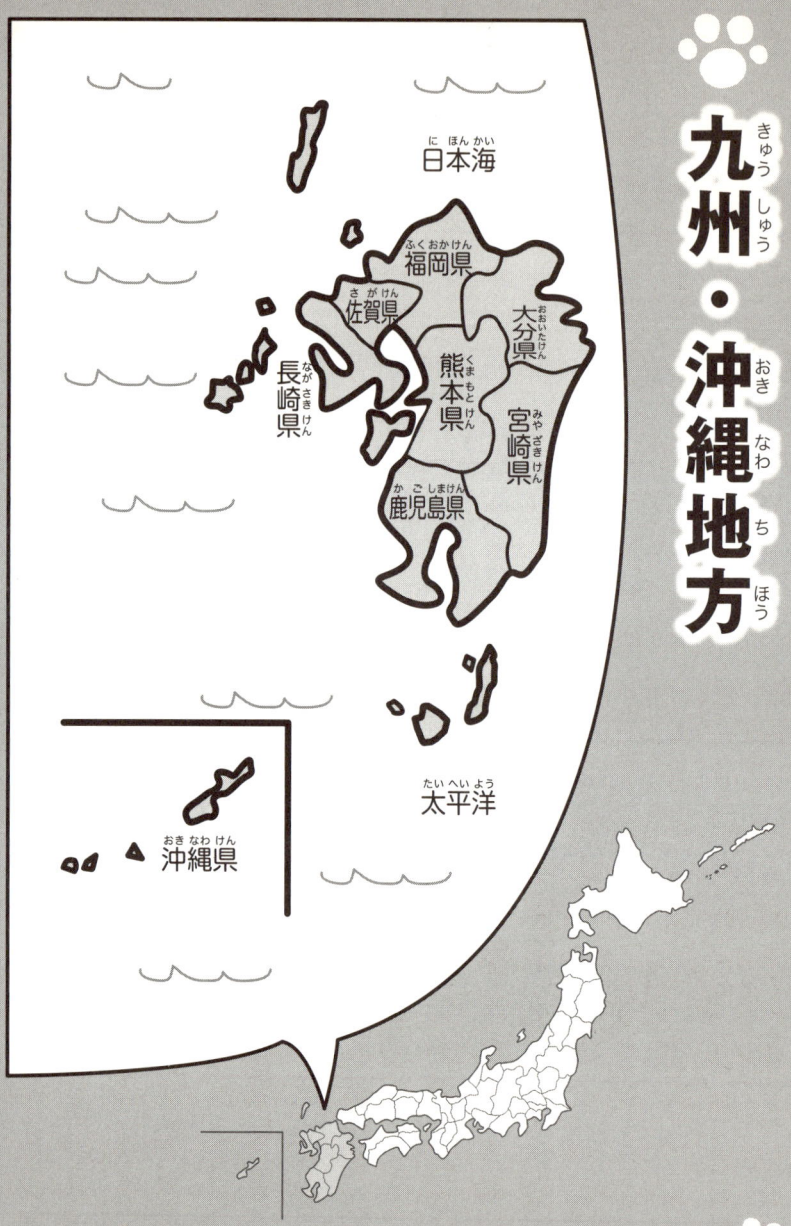

4コママンガ

西暦1856年
薩摩藩主
島津斉彬の
養女の篤姫は…
13代将軍
徳川家定と結婚
することになった
おいどんが婚礼の
支度をしたで
ごわすニャ!
西郷隆盛
ごくろうニャ!
しず
しず
しず
どーーん
カゴでかっ!!
西郷サイズ

日本の玄関口

日本のもっとも南にあって、温暖な気候でごわす。九州地方は火山や島が多く、沖縄県は自然ゆたかな離島でごわす。昔から日本の玄関口として、外国との交流がさかんでごわすニャ。

西郷隆盛

福岡県

都道府県の形

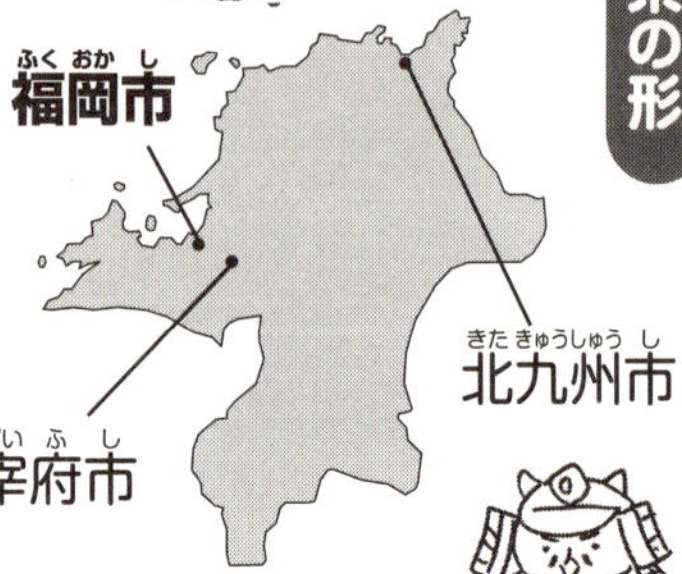

基本データ

県庁所在地：福岡市

日本一のもの：辛子めんたいこの生産量
タケノコの生産量

ゆかりの人物

北条時宗

(1251~1284年)

鎌倉時代、モンゴル（元）に服属せよという手紙を無視した日本に怒ったモンゴル軍が、博多に二度攻めてきました。北条時宗はモンゴル軍の侵略を食い止めた人物です。

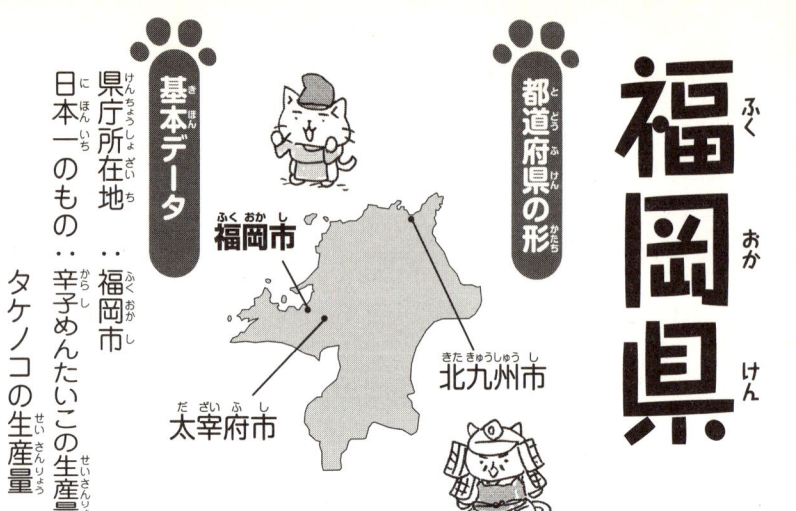

れきし

学問にご利益がある太宰府天満宮

太宰府天満宮は、平安時代に政治を行っていた**菅原道真**のお墓の上に建てられている、福岡県の神社です。

道真は学者のなかでもっとも権威ある位まで上りつめた人。このことから、学問の神様としてまつられ、受験生がお参りに来るようになりました。

梅の名所としても名高い太宰府天満宮の参道には、餅のなかにあんこが入った「**梅ケ枝餅**」が売られています。

ちり

日本一いそがしい福岡空港

福岡空港は日本一便利な空港といわれています。空港から地下鉄に5～10分も乗れば西日本有数の繁華街、**博多**や**天神**に行くことができるからです。

福岡空港は、旅客数と飛行機の発着回数が、東京都の羽田空港、千葉県の成田空港についで多い空港。しかし、滑走路が１本しかないので日本一いそがしい空港ともよばれ、離着陸のとき渋滞が起こるほどです。

さんぎょう

明治の産業を支えた八幡製鉄所

１９０１年に操業を開始した北九州市の**八幡製鉄所**は日本最大の大きさをほこる製鉄所でした。また当時、燃料として使われていた石炭がとれる「**筑豊炭田**」では、日本一多く石炭がとれていました。

２０１５年に、八幡製鉄所は世界文化遺産に登録されています。

佐賀県

都道府県の形

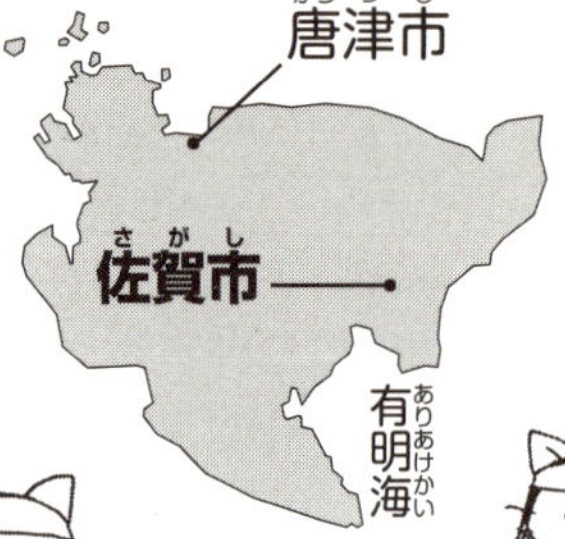

基本データ

県庁所在地：佐賀市

日本一のもの：養殖ノリ類の収穫量
ハウスミカンの収穫量

発見された遺跡

吉野ケ里遺跡

弥生人が住んでいた集落跡です。1984 年に佐賀県神埼郡で発見されました。柱やくいで地面から床を高くした高床倉庫跡など、弥生人のくらしがわかるものが発掘されました。

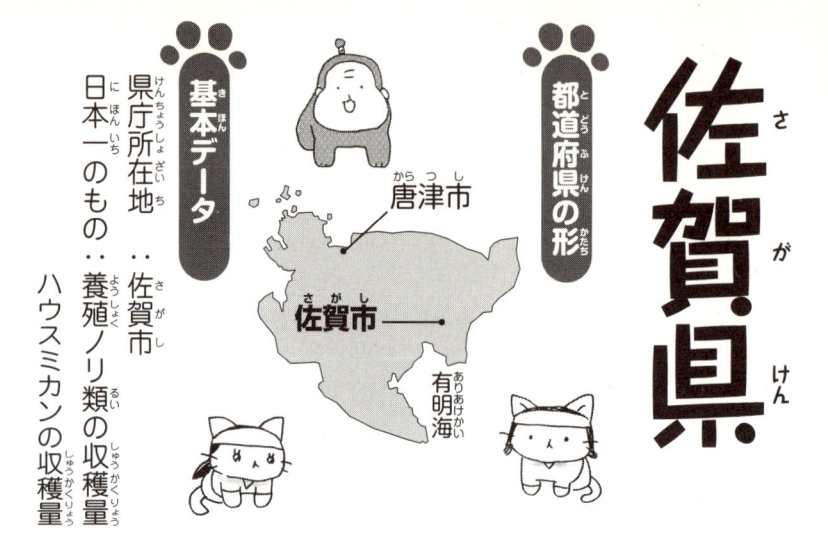

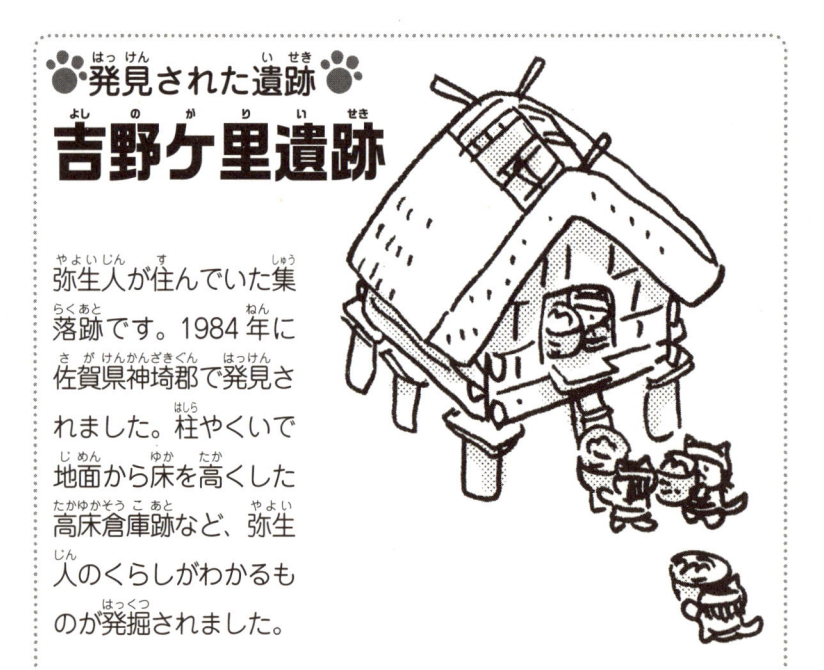

れきし

ヨーロッパに影響を与えた焼き物

佐賀県は**焼き物づくり**がさかんです。豊臣秀吉が朝鮮出兵をした際、朝鮮陶工たちを日本に連れてきたのが佐賀の焼き物のはじまりといわれています。

つくられた焼き物は、将軍家にも献上され、海外にも輸出されました。ヨーロッパの職人に多くの影響を与え、当時の王侯貴族たちは佐賀から送られた器や花びんをこぞって買い集めました。

ちり

有明海の干潟にすむ生き物たち

干潟とは、潮が引いたときに現れる浜のことです。潮が満ちてくると見えなくなってしまいます。この干潟にすむ生物の代表格は**ムツゴロウ**です。エラと皮膚の両方を使って呼吸をしながら、胸びれを足のようにしてどろの上をはいまわります。

有明海の干潟には、ここにしかいない生物が20種類以上住んでいます。また、毎年渡り鳥が飛来する場所でもあります。

さんぎょう

良質なノリの生産地

佐賀県産の**ノリ**は、おいしいと評判です。その理由のひとつは、**有明海**にあります。有明海の水は、多くの河川の水がまざった海水のため、ノリが育つのに適した濃さで、ゆたかな栄養をふくんでいます。

ノリは、海に等間隔に立てた支柱にかけた網について育ちます。収穫は、支柱の間を通れるくらいの小さな船で行っています。

長崎県

都道府県の形

基本データ

県庁所在地：長崎市

日本一のもの：ビワの収穫量
アナゴの漁獲量

ゆかりの人物

勝海舟

(1823～1899年)

幕府の役人で、長崎の海軍学校へ赴任し、その後アメリカに渡って勉強しました。帰国後は、幕府の海軍の育成などに力をつくしました。坂本竜馬の師匠でもあります。

幕府と戦ったキリスト教徒

江戸時代初期に、**島原**と**天草**の住民が起こした一揆のことを**島原の乱**といいます。きびしい年貢（税金）の取り立てとキリスト教の禁教令などに不満を抱いた民衆は、幕府軍と争いました。３ケ月争いを続けますが、幕府の勢力に民衆は敗れてしまいました。

この一揆以降、幕府はキリスト教をはげしく弾圧し、海外との交わりを制限するようになります。

島が多い長崎県

長崎県にはたくさんの島があります。都道府県別で見ると、人が住んでいる島の数は日本一です。

平戸島はポルトガル人やスペイン人と貿易を行った、**南蛮貿易**の拠点でした。今は道がつながっていますが、出島は、日本が外国との通商・交通を制限していたときにも、唯一開かれていた港でした。

オランダを体感できるハウステンボス

佐世保市には、オランダの街並みを再現した**ハウステンボス**というテーマパークがあります。

ハウステンボスという名前は、**オランダ**国王の宮殿にちなんでつけられました。鎖国中の日本と貿易ができたのはオランダのみで、その拠点となったのが長崎県だったからです。

熊本県

都道府県の形

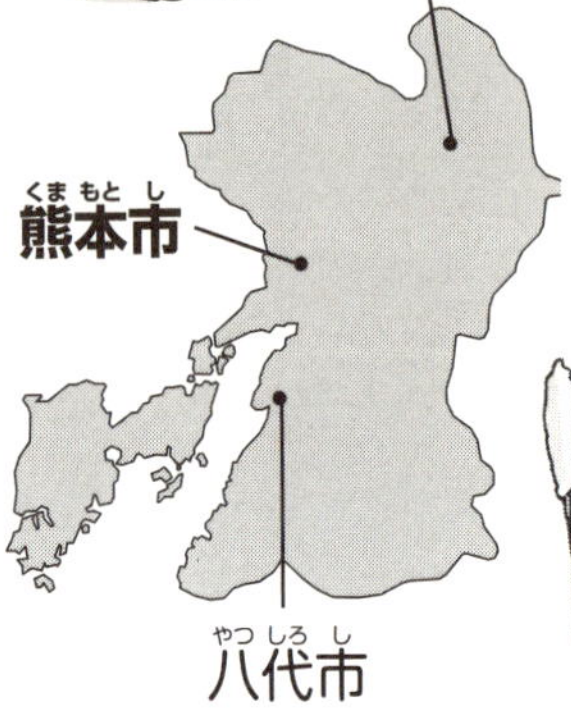

基本データ

県庁所在地：熊本市

日本一のもの：い草の収穫量
スイカの収穫量

ゆかりの人物

加藤清正

(1562～1611年)

肥後国（現在の熊本県）を治めた熊本藩初代藩主。豊臣秀吉が行った朝鮮出兵などで活躍しました。熊本県の洪水対策や農業に必要な水の整備を行いました。

れきし

立派な石垣の熊本城

加藤清正が建てたお城が**熊本城**です。石垣が特徴的で、上に行くほどカーブが急になり、敵が簡単に登れないようになっています。1877年に起こった**西南戦争**では、明治政府に対し反乱を起こした西郷隆盛率いる薩摩軍に攻められましたが、落城しませんでした。

日本三大名城のひとつとされる熊本城ですが、2016年の熊本地震で被災しました。

ちり

不思議な形の阿蘇山

阿蘇山は何十万年も前からふん火を続けていて、阿蘇地方に独特な自然と地形をもたらしました。

阿蘇山は何度かのふん火によってへこみ、「凹」の形のような**カルデラ地形**になっています。

阿蘇山の火口付近は草原になっていて、牛や馬の放牧が行われています。それにより**馬肉**を食べる習慣ができ、馬肉は熊本県の名物となっています。

さんぎょう

い草の収穫量日本一

熊本県はたたみの原料となる、**い草**の収穫量が日本一です。

い草は細長いくきをもつ植物です。切れにくい性質があり、これを縦横にあんでつくられたのが、日本の家に欠かせない**たたみ**です。たたみは日本固有の物として、和室にはなくてはならないものです。

大分県

都道府県の形

基本データ

県庁所在地：大分市

日本一のもの：カボスの収穫量
乾しシイタケの生産量

ゆかりの人物

大友宗麟

(1530～1587年)

キリスト教を信仰していた「キリシタン大名」です。貿易を積極的に行うことで財産を増やしました。医学や音楽など、西洋の文化を積極的に取りいれました。

れきし

蘭学を学んだ前野良沢、福沢諭吉

西洋の学術や文化を研究する学問「**蘭学**」は、江戸時代に**オランダ**を通じて日本に入ってきました。豊前国（現在の大分県）出身の人には多くの蘭学者がいました。

前野良沢は、現代の医学や科学に通じる本『解体新書』の翻訳を行いました。**福沢諭吉**は蘭学を学び、のちに学問の大切さを説いた『学問のすすめ』を執筆。慶應義塾（現在の慶應義塾大学）を開きました。

ちり

日本有数の温泉地

大分県は**温泉地**として有名です。**別府**や**湯布院**など県内のいたるところに温泉があり、温泉がわき出す源泉の数は日本一です。

大分県に温泉が多いのは、火山がたくさんあるから。火山地帯では、地下深くから上昇してきたマグマが、地下数kmから10数kmの地点にたまっています。大分県の温泉のほとんどは、このマグマで温められた地下水がわき出してきた火山性温泉です。

さんぎょう

乾しシイタケの生産量日本一

大分県はシイタケを乾かした、**乾しシイタケ**の生産量が日本一です。シイタケは乾燥させることでうま味が出ます。

350年前、豊後国（現在の大分県）で炭焼きの残り木にシイタケが生えているのを源兵衛という男が発見し、試行錯誤の末人工栽培を行うようになったという説があります。

宮崎県

都道府県の形

基本データ

県庁所在地　：宮崎市

日本一のもの：キンカンの収穫量
日向夏の収穫量

ゆかりの人物

伊東マンショ
(1569?～1612年)

大友宗麟の命令でキリシタン大名の代わりにローマに派遣された「天正遣欧少年使節」のひとりです。キリスト教を学び、日本に戻ってきて司祭になりました。

れきし

神々が降り立った高千穂地方

江戸時代まで**日向国**とよばれていた宮崎県には、「日向神話」とよばれる昔話が残っています。そのなかで、宮崎県の高千穂地方は、神様が地上に降り立った場所として記されています。

日本神話のなかで神様がかくれていたとされる「**天岩戸**」とよばれる洞窟も、天岩戸神社としてまつられています。

ちり

日照時間が長い宮崎県

宮崎県は1日に太陽が照らす時間「日照時間」が長い県です。また、雲の量が少ない快晴の日が年間を通して多く、平均気温が高い暖かい県で、「太陽と緑の国」とよばれます。

さんぎょう

牛や豚の生産

宮崎県は**畜産**がさかんです。とくに子牛の飼育に積極的ですが、牛だけでなく、豚や鶏の生産もトップクラスです。

宮崎県のご当地グルメに豚肉を使う「肉巻きおにぎり」や鶏肉の「チキン南蛮」「地鶏の炭火焼き」など、肉料理が多いのもそのためです。

また、宮崎県はかんきつ類のひとつ「**日向夏**」の収穫量で日本一をほこります。日向夏は、1820年代に宮崎市に住む人の家で偶然生まれた突然変異種です。「ニューサマーオレンジ」という名前でもよばれています。

鹿児島県

都道府県の形

基本データ

県庁所在地：鹿児島市

日本一のもの：サツマイモの収穫量
養殖ブリの漁獲量

ゆかりの人物

西郷隆盛

(1827〜1877年)

薩摩藩（現在の鹿児島県）出身の武士、軍人、政治家です。長州藩と薩長連合を結びました。1877年には西南戦争を起こしますが、明治政府軍に敗れました。

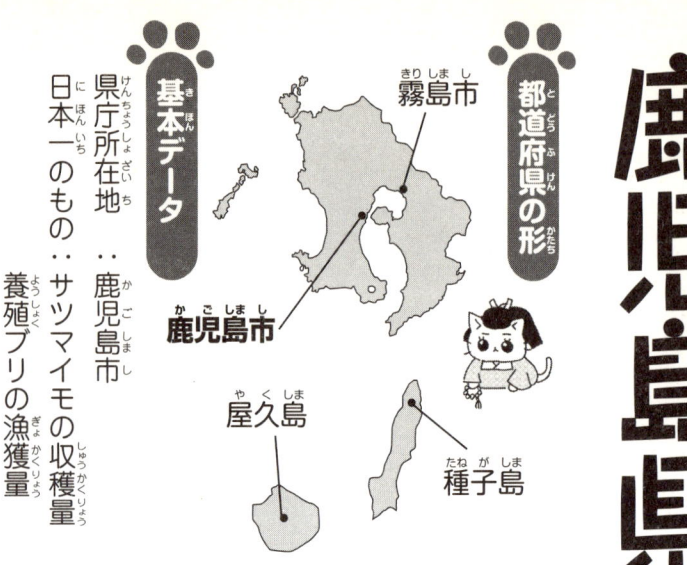

鉄砲が伝わった鹿児島県

約４７０年前、薩摩国（現在の鹿児島県）の**種子島**に中国船が漂着しました。乗っていたポルトガル人がもつ**鉄砲**を、種子島の領主が買いとりました。こうして、日本に鉄砲が伝来しました。

最初は生き物をつかまえるために使われていましたが、すぐに戦場で用いられるようになりました。

屋久島で生息している動植物

はるか昔の**屋久島**は、九州と陸続きでした。その後、海水面が上昇したことで土地が離れていき、動植物は島の中だけで進化してきました。

「ヤクシマザル」や「ヤクシカ」は、本土のサルやシカとくらべて体が小さいのが特徴です。

世界自然遺産に登録されている**縄文杉（屋久杉）**といわれる巨木は、古代から生えていて、その樹齢はなんと４０００年であるとも考えられています。

ロケット発射場がある種子島

種子島には、宇宙航空研究開発機構（ＪＡＸＡ）が運営する、日本最大の宇宙ロケット発射場があります。

種子島宇宙センターから打ち上げた静止気象衛星「ひまわり」は、上空から地球の観測を行い、天気予報のもととなる情報を送っています。

沖縄県

都道府県の形

基本データ

県庁所在地：那覇市

日本一のもの：パイナップルの収穫量
　　　　　　　サトウキビの収穫量

ゆかりの人物

鑑真

(689〜763年)

唐（現在の中国）のお坊さんです。海を渡って日本を目指しますが、10年間で5度も失敗し、6度目で成功。鑑真が最初に到着した場所が現在の沖縄県でした。

3つの国が統一されてできた琉球王国

沖縄県は昔、日本とは別の王国でした。**琉球王国**は3つの国が統一されてつくられ、外国との貿易を積極的に行っていました。

琉球王国には王様がいて、その王様がくらしていたお城が**首里城**です。首里城は、当時の琉球王国の歴史や文化を感じることができる場所として、世界文化遺産に登録されています。

亜熱帯気候に属する沖縄地方

沖縄地方は**亜熱帯気候**という気候区分にあたり、1年中気温が高く、雨がよく降る気候です。

亜熱帯の海の生物のひとつが、**サンゴ**です。沖縄県には200種類ほどのサンゴがいます。温かくきれいな海にしかすめないサンゴは、沖縄県の海がきれいな証です。

あまいサトウキビの生産

沖縄県内にある畑の約半分で栽培されているのが、**サトウキビ**です。もともと暑い国でつくられていた作物なので、沖縄県の気候に適しています。

サトウキビからはグラニュー糖や黒糖がつくられます。さらに、サトウキビのしぼりかすも捨てることなく燃料や肥料として利用されています。

マンゴーや**パイナップル**など、南国フルーツの栽培も、暖かい気候を活かして行われています。

ねこねこクイズ⑥

九州・沖縄地方の都道府県についてのおさらいクイズ！　答えは左ページの下にあるよ。

1

福岡県にある、世界遺産に登録されている製鉄所はどれかニャ？

A：釜石製鉄所

B：鹿島製鉄所

C：八幡製鉄所

2

宮崎県は昔、何とよばれていたかニャ？

A：薩摩国

B：日向国

C：大友国

3

この形の都道府県はどこかニャ？

A：福岡県

B：長崎県

C：大分県

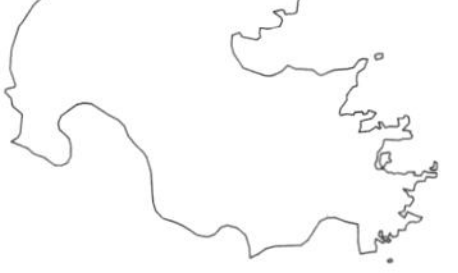

❹

たたみの原料(げんりょう)になるものはどれかニャ？

A：ま草(ぐさ)

B：い草(ぐさ)

C：ひ草(ぐさ)

❺

この形(かたち)の都道府県(とどうふけん)はどこかニャ？

A：大分県(おおいたけん)

B：宮崎県(みやざきけん)

C：鹿児島県(かごしまけん)

❻

熊本県(くまもとけん)にあるふん火(か)を続(つづ)けている山(やま)の名前(なまえ)は何(なん)というかニャ？

A：阿弥陀山(あみださん)

B：阿蘇山(あそさん)

C：阿部山(あべざん)

正解(せいかい)　❶C　❷B　❸C　❹B　❺C　❻B

おもな山・川

日本にある有名な山と川を紹介します

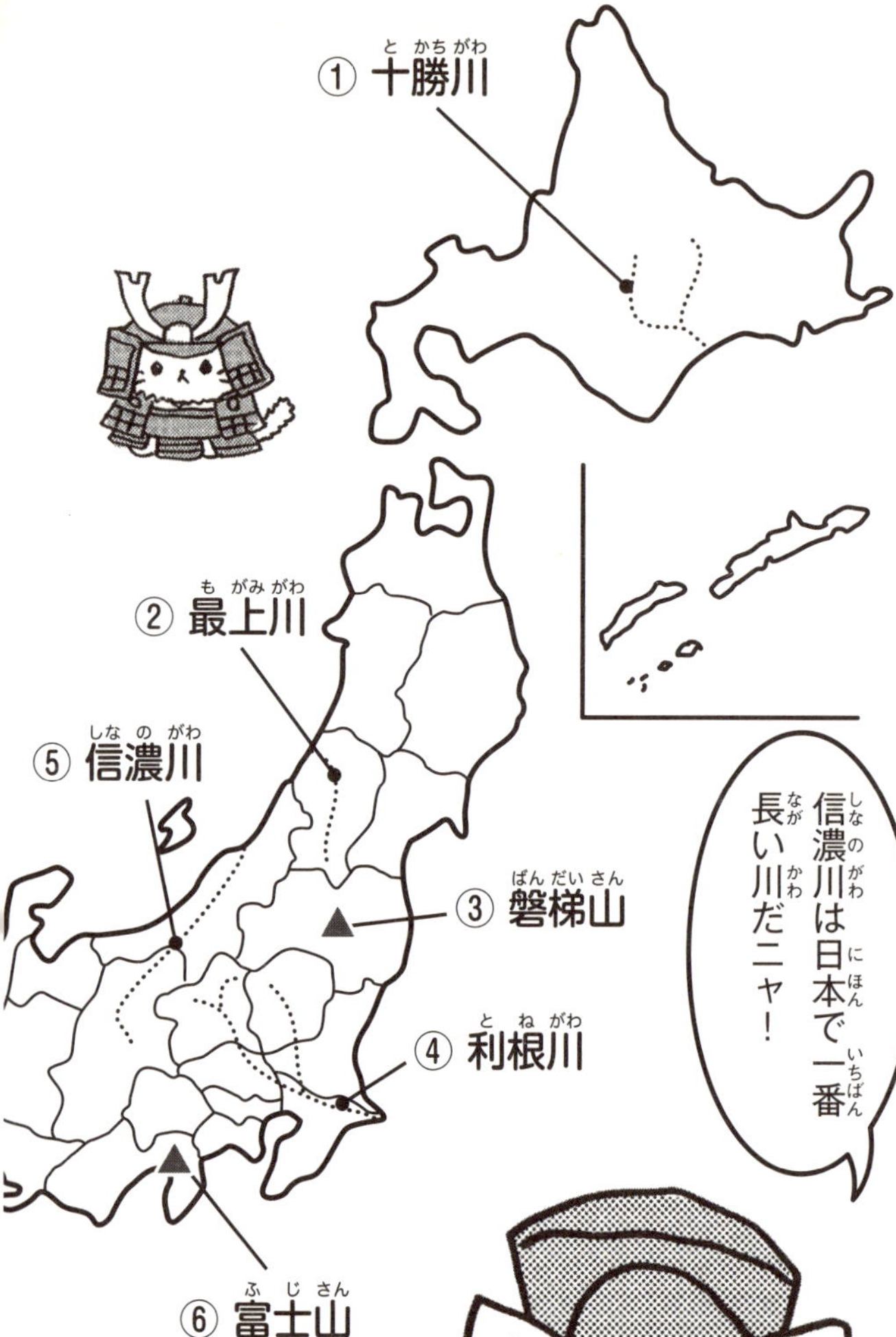
① 十勝川
② 最上川
⑤ 信濃川
③ 磐梯山
④ 利根川
⑥ 富士山
信濃川は日本で一番長い川だニャ！

おもな山・川がある都道府県

① 北海道
② 山形県
③ 福島県
④ 茨城県など
⑤ 長野県、新潟県
⑥ 山梨県、静岡県
⑦ 福井県
⑧ 鳥取県
⑨ 高知県
⑩ 福岡県
⑪ 熊本県
⑫ 鹿児島県

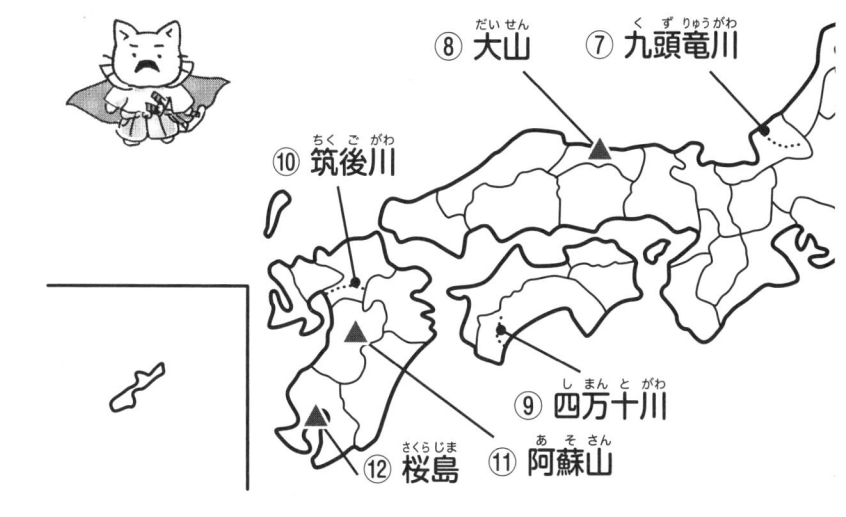

おもな観光名所

この本で出てきた
おもな観光名所を紹介します

① 阿寒湖
② 十和田湖
③ 花笠まつり
祭
④ 猪苗代湖
⑤ 草津温泉
ゆ
⑥ 黒部ダム
⑦ 善光寺
どの場所も
旅行にぴったりニャ！

おもな観光名所がある都道府県

① 北海道
② 青森県・秋田県
③ 山形県
④ 福島県
⑤ 群馬県
⑥ 富山県
⑦ 長野県
⑧ 三重県
⑨ 兵庫県
⑩ 和歌山県
⑪ 広島県
⑫ 徳島県
⑬ 福岡県
⑭ 大分県

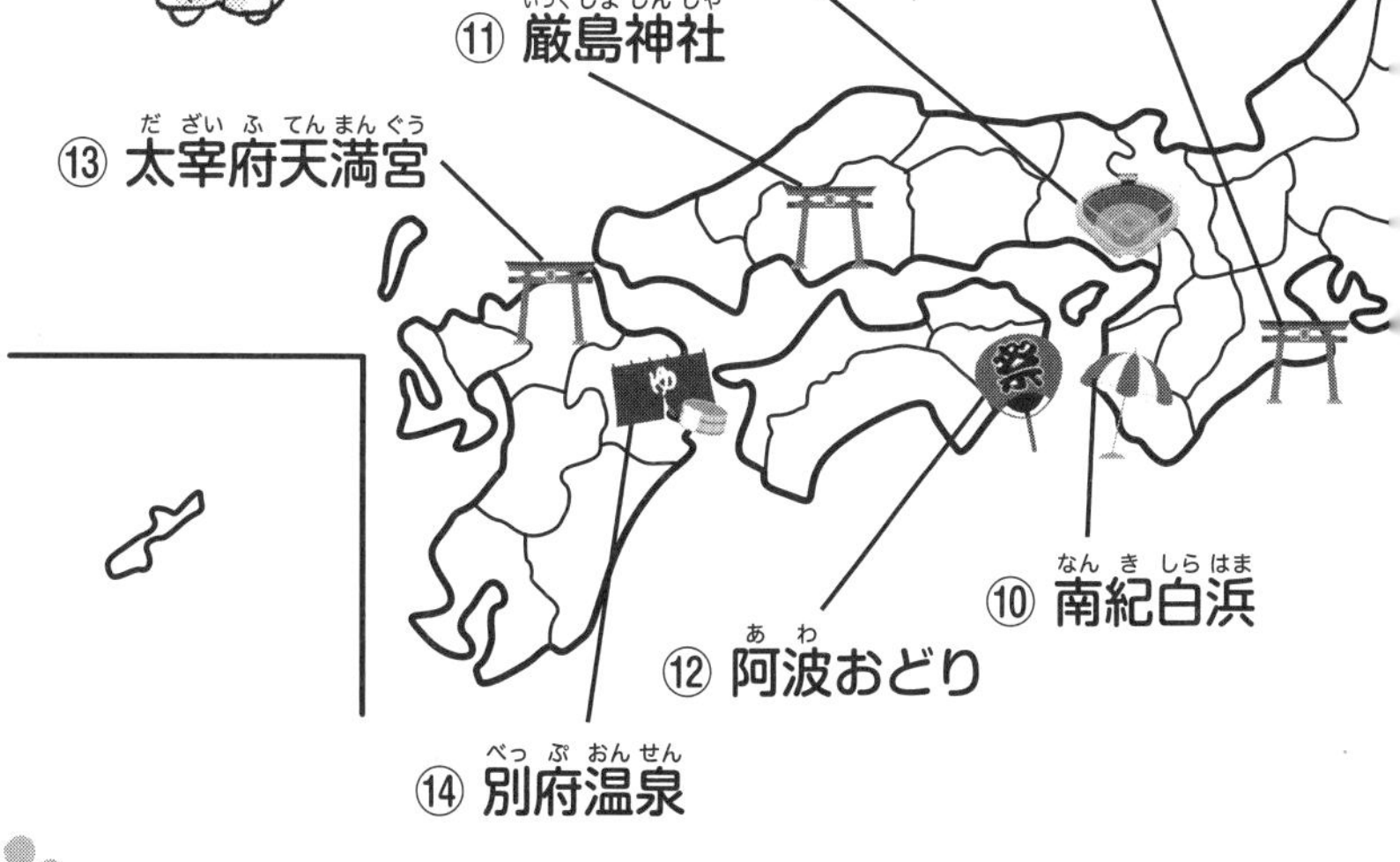

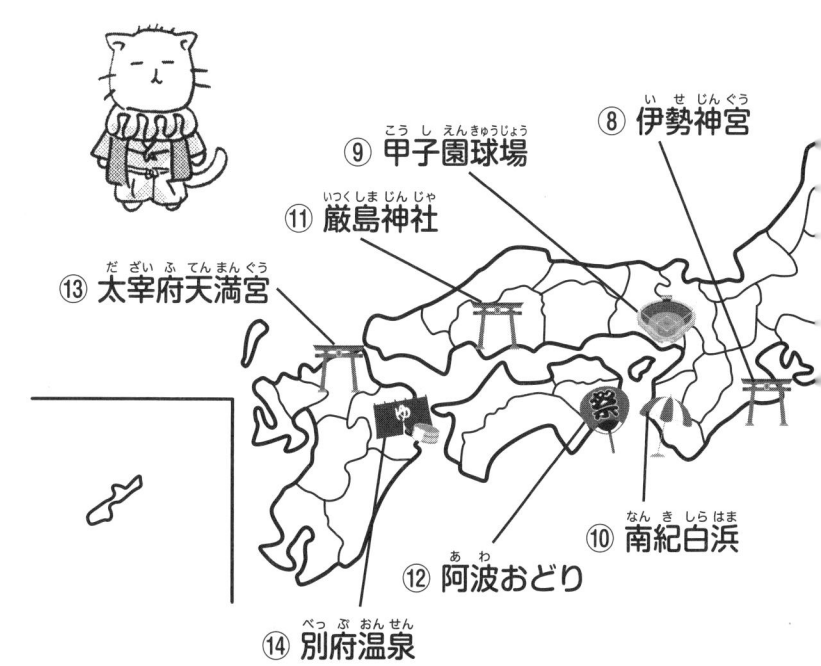

原作

そにしけんじ
1969年札幌生まれ。
筑波大学芸術専門学群視覚伝達デザインコース卒業。
現在、COMICリュエル連載の『ねこねこ日本史』(実業之日本社)
読売中高生新聞 連載「猫ピッチャー外伝 勇者ミー太郎の大冒険」(読売新聞社)、
コミックニュータイプ連載「ねこ戦 三国志にゃんこ」(KADOKAWA)など多数連載中。
他の作品に『猫ピッチャー』(中央公論新社)、『猫ラーメン』、『猫探偵』(ともにマッグガーデン)などがある。

文	石川千穂子、西村愛
本文デザイン	石津千恵子
DTP	伏田光宏

ねこねこ日本史でよくわかる　都道府県

2017年 3 月30日　初版第 1 刷発行
2019年12月26日　　　第12刷発行

原　作	そにしけんじ　©Kenji Sonishi 2017
編集・構成	株式会社造事務所　©ZOU JIMUSHO 2017
発行者	岩野裕一
発行所	株式会社実業之日本社
	〒107-0062　東京都港区南青山5-4-30
	CoSTUME NATIONAL Aoyama Complex 2F
	【編集部】03-6809-0473
	【販売部】03-6809-0495
印刷・製本	大日本印刷株式会社
装幀	関善之＋村田慧太朗(ボラーレ)

Printed in Japan ISBN978-4-408-41459-1(第二漫画)
実業之日本社ホームページ　http://www.j-n.co.jp/